BLANCO

Kenya Hara

GG

BLANCO

Título original: *White*, publicado originalmente por Lars Müller Publishers, Zúrich, 2018

Revisión de estilo: Sara Sánchez Buendía

Cualquier forma de reproducción, distribución, comunicación pública o transformación de esta obra solo puede ser realizada con la autorización de sus titulares, salvo excepción prevista por la ley. Diríjase a CEDRO (Centro Español de Derechos Reprográficos, www.cedro.org) si necesita fotocopiar o escanear algún fragmento de esta obra.

La Editorial no se pronuncia ni expresa ni implícitamente respecto a la exactitud de la información contenida en este libro, razón por la cual no puede asumir ningún tipo de responsabilidad en caso de error u omisión.

© Kenya Hara y Lars Müller Publishers, 2010-2018
© de la traducción: Belén Herrero
y para esta edición:
© Editorial GG, SL, Barcelona, 2021

Printed in Spain
ISBN: originales
Depósito legal: B. 13173-2022
Impresión: agpograf impressors, Barcelona

Este libro se ha impreso sobre papel fabricado a partir de madera procedente de bosques y plantaciones gestionadas con altos estándares ambientales, garantizando una explotación de los recursos sostenible y beneficiosa para las personas. También para generar un menor impacto, hemos dejado de retractilar nuestros libros. Con estas medidas, queremos contribuir al fomento de una forma de vida sostenible y respetuosa con el medio ambiente.

Editorial GG, SL
Via Laietana 47, 3.º 2.ª, 08003 Barcelona, España. Tel. (+34) 933 228 161
www.editorialgg.com

Prólogo

Kenya HARA

Este libro no trata sobre el color, sino que pretende analizar una entidad denominada "blanco" para así situar los orígenes de la sensibilidad inherente a mi cultura. Dicho con otras palabras, he intentado encontrar la fuente de esa estética japonesa que genera simplicidad y sutileza a través del concepto de blancura.

Trabajo en diseño dentro del ámbito profesional de la comunicación. Esto significa que me dedico a ilustrar "circunstancias" o "condiciones" más que a crear "cosas". Mis obras se han mostrado en numerosas exposiciones y he diseñado infinidad de carteles, *packaging*, señalética o libros. Mi profesión me ha llevado a reflexionar sobre cómo crear imágenes refrescantes y cosas con una claridad tan meridiana que dejen huella. Gracias a este proceso intelectual, comencé a prestar atención a los medios de comunicación cultural que se han utilizado en Japón, y en un sentido más amplio, en todo el mundo. A medida que esta línea de pensamiento progresaba, la sensación de que me conduciría hacia nuevas respuestas era cada vez más acusada.

"Vacío" (*utsu*) y "completamente hueco" (*karappo*) son algunos de los términos sobre los que he reflexionado en mi intento por captar la naturaleza de la comunicación. Cuando compartimos nuestras ideas, solemos escuchar las opiniones del otro en lugar de bombardearle con información. Podría decirse que el éxito de la comunicación no depende de la fuerza con la que intentemos imponer nuestras opiniones a quien tenemos enfrente, sino de la atención con la que lo escuchemos. Así, para intentar comprender mejor a los demás, las técnicas de comunicación han sido conceptualizadas mediante términos como "recipiente vacío". Por ejemplo, a diferencia de otros signos cuyos significados están claramente definidos, símbolos como la cruz o el disco rojo de la bandera japonesa permiten a nuestra imaginación vagar libremente, sin límites; son como enormes recipientes vacíos capaces de contener cualquier significado posible. El concepto de vacío está presente tanto en un mausoleo cavernoso o una iglesia como en un pequeño jardín con su casa del té; todos ellos son reflejo del concepto de vacío. Aunque al principio comencé a escribir sobre el "vacío", pronto me encontré reflexionando sobre el "blanco", que hizo su aparición al confrontarlo con el amplio espectro del "vacío". En japonés, el ideograma correspondiente a "blanco" (ideograma, *shiro*) aparece en la combinación de caracteres que forman la palabra "vacío" (ideograma, *kuhaku*), una coincidencia que, en última instancia, me llevó a investigar el significado del vacío en relación con el blanco; así es como acabé por escribir primero sobre el blanco para tratar, más adelante, sobre el vacío.

Espero que cuando el lector termine de leer este libro perciba lo "blanco" con una mirada diferente. Si es capaz sentirlo irradiando con una claridad nueva y más potente, sus sentidos se habrán refinado. Esta percepción elevada del blanco nos permitirá contemplar nuestro mundo bajo una luz más resplandeciente.

	Prólogo	ii
Capítulo 1	El descubrimiento del blanco	1

El blanco como experiencia sensorial /
¿Qué es el color? / *Itoshiroshi* / Huir del color /
La forma básica de la información y de la vida

Capítulo 2	El papel	15

La energía del *itoshiroshi* / Blanco como el papel /
El papel como catalizador creativo /
Rumiar sobre el blanco / Cuadrado de papel blanco /
Plegar el lenguaje / Sobre las letras / Tipos y tipografía

Capítulo 3	El vacío	39

El significado del vacío / Tohaku Hasegawa, *Pinos* /
El vacío como potencial ilimitado /
El santuario de Ise y la información / Nada se dice /
La receptividad de un círculo rojo sobre un fondo blanco /
El vacío y el blanco / La ceremonia del té /
Los orígenes de la sala de estilo japonés /
El pensamiento mora en el vacío /
Las preguntas creativas no necesitan respuesta

Capítulo 4	De vuelta al blanco	67

El *suiko* y el texto irreversible / Un salto hacia /el blanco /
La limpieza / El extrañamiento / La arena blanca y la luz de la luna

	Epílogo / Agradecimientos	78

Capítulo 1
El descubrimiento del blanco

El blanco como experiencia sensorial

El "blanco" como tal no existe; solo en nuestra percepción; es inútil, por tanto, ir en su busca. En su lugar, debemos encontrar el camino para sentir la blancura, y en este proceso tomaremos conciencia de un blanco ligeramente más blanco que el blanco que percibimos normalmente. Esto, a su vez, nos hará conscientes de la sorprendente diversidad de blancuras que encontramos en la cultura japonesa, y finalmente lograremos entender palabras como "silencio" o "espacio vacío", y distinguir sus significados ocultos. A medida que consigamos esta compenetración con el blanco, nuestro mundo resplandecerá con más brillo y sus sombras serán más acusadas.

Las letras de un texto mecanografiado no son realmente negras: simplemente lo parecen por contraste con la hoja de papel blanco. De igual modo, el círculo de la bandera japonesa es de un rojo brillante solo por contraste con el fondo blanco. Esta relación funciona de idéntico modo con el azul o el beis cuando se colocan sobre un fondo blanco. Puesto que el no ser anhela ser, a menudo genera un sentido del ser más fuerte que el propio ser. Resulta difícil defender la pureza del blanco porque esta se contamina con facilidad; su belleza nos impacta tan poderosamente porque somos dolorosamente conscientes de su transitoriedad.

En la cultura japonesa, cosas como la arquitectura, el concepto de espacio, el diseño de libros y los jardines nacieron como respuesta a un proceso mental en el que se interpone el blanco. Junichiro Tanizaki (1886-1965) ya proponía un enfoque similar de la blancura en su ensayo *Elogio de la sombra*, que interpreta la estética japonesa desde la oscuridad. La idea de Tanizaki de ubicar el punto de fuga de un dibujo utilizando la sombra es espléndida. Pero ¿no podría existir otro punto de fuga de extrema luminosidad que contraste con la oscura sombra?

¿Qué es el color?

¿Es el blanco un color? Es como un color, pero al mismo tiempo podríamos concebirlo como un no color. Cabe entonces preguntarse en primer lugar qué es exactamente un color. El mecanismo del color se ha organizado según sistemas bien definidos, producto de la física moderna. Los dos sistemas más comunes para clasificar los colores son el de Albert Henry Munsell y el de Wilhelm Ostwald. En ambos sistemas, los tres componentes del color —luminosidad, saturación y tonalidad (que no son sino gradaciones de luz y claridad)— se explican mediante un objeto esférico tridimensional que nos permite visualizar el fenómeno físico (es decir, el color) con mayor facilidad. Sin embargo, este objeto no nos permite comprender en toda su dimensión aquello que percibimos como color.

El amarillo dorado intenso de la yema de un huevo roto, o el color del té que colma la taza no son meramente colores, pues se perciben a un nivel más profundo a través de su textura y su sabor, atributos inherentes a su naturaleza material. Percibimos el color gracias a la combinación de todos estos elementos; la comprensión del color no se produce únicamente a través de la vista, sino de todos los sentidos. Por ello, mientras los sistemas de color se basen exclusivamente en la naturaleza física y visual de los objetos, no serán capaces de comunicar completamente nuestra respuesta.

En la actualidad, utilizamos muestrarios de color para elegir el adecuado al realizar obras impresas, tejidas y manufacturadas. En aras de la conveniencia y la practicidad, la mayor parte de estos muestrarios están estandarizados según los sistemas Munsell y Ostwald que hemos mencionado, cuyo orden metódico y objetividad nos permiten distinguir claramente los colores entre sí.

Otro de los muestrarios de color al que suelo recurrir lleva por nombre *Colores japoneses tradicionales*, y se organiza según los antiguos nombres japoneses utilizados para los colores. No intenta ofrecer una coherencia sistemática, por lo que no siempre puede utilizarse con la precisión que sería deseable. Debe su fama, más bien, a su capacidad para despertar la imaginación. Cada vez que lo consulto, mi comprensión de la naturaleza del color se produce de manera fluida y natural gracias al conocimiento contenido en sus palabras. Al mismo tiempo, mis sentidos se despiertan, y me siento reconfortado, como si estuviese escuchando el dialecto de mi ciudad natal, aunque con cierto deje de soledad. ¿De dónde brotan todas estas emociones?

Huelga decir que los colores pueden reflejar nuestros sentimientos más delicados. Pero eso no es todo. Cuando descubrimos el color, ¿no vemos cómo despierta el núcleo de las emociones humanas? Los colores no existen de manera aislada e independiente en la naturaleza, sino que están en constante cambio en respuesta a las sutiles gradaciones de la luz. Es el lenguaje el que, de manera sublime, les confiere una forma definida, y nosotros absorbemos la exactitud de esa variedad lingüística emocionalmente. Así, la manera en que una determinada cultura percibe y saborea los matices queda almacenada bajo la rúbrica de "colores tradicionales".

Cuando intentamos imaginar el color, puede que necesitemos borrar de nuestra mente cualquier categoría preestablecida y volver a un estado de tabla rasa. De hecho, la palabra "color" en japonés, *iro*, también significa 'amante', por lo que lleva implícito un abanico de asociaciones mucho más amplio del que el término "color" posee en la actualidad. La caja con doce ceras que nos daban para dibujar cuando éramos niños da forma, para bien o para mal, a nuestra percepción; a través de ellas adquirimos conceptos como "el azul agua", "el color carne", etc. Pero ¿qué sucedería si estos parámetros no existiesen y el vocabulario con el que contamos para describir el color fuese limitado? ¿Percibiríamos el color tal como lo hacemos en el mundo actual?

Se dice que cuando en el siglo VIII se publicó el *Manyōshū* —la colección de poemas más antigua de Japón—, existían muy pocas palabras para designar el color. Los adjetivos básicos que se empleaban en aquella época eran tan solo cuatro: *akai* (rojo), *kuroi* (negro), *shiroi* (blanco) y *aoi* (azul). (En japonés, los nombres se convierten en adjetivos al añadir una "i".) Estos cuatro colores hacían referencia, respectivamente, a un estado resplandeciente de energía (rojo), la ausencia de luz (negro), la luminosidad (blanco) y una impresión de oscuridad (azul). Aunque esta escasez de adjetivos nos resulte sorprendente, lo cierto es que cada uno de ellos cubría un amplio espectro de tonalidades que permitía a los hablantes expresar sutiles diferencias de significado y atmósfera dentro de un contexto. No existía la necesidad de clasificar los colores de manera tan estricta como en la actualidad, lo que significa que, por ejemplo, el azul y el verde podían agruparse, emocionalmente, bajo una única categoría más amplia, la del azul (*aoi*). En lugar de comunicar el color mediante el uso de adjetivos —que depende de la psicología del receptor—, podemos presumir que las gentes de la época utilizaban los nombres de los tintes de base vegetal, como el índigo o el violeta, o los nombres de cosas como la naranja amarga, la ceniza o los brotes de hierba.

Los numerosos colores que llamamos "tradicionales" tuvieron su origen en el elegante período Heian. Las gentes de la época desarrollaron un sutil conocimiento de los cambios de la naturaleza, y fueron capaces de plasmarlos en su indumentaria y sus enseres del hogar. Esto dio origen a una nueva forma de cultura basada en una sensibilidad estética colectiva. El año suele dividirse en cuatro estaciones, pero en el calendario chino se identificaban 72 patrones meteorológicos característicos —llamados *kou*—, agrupados en 24 "estaciones"; este sistema fue adoptado por los japoneses, que lo modificaron de acuerdo con su propia sensibilidad. En Japón se consideraba cultivado al individuo que alcanzaba una conciencia profunda de la belleza de estos cambios estacionales —plasmada en la expresión "nieve-luna-flor"—, que estaban divididos en ciclos de cinco días.

Aunque las palabras que especifican los colores de las estaciones cambiantes, como *moegi-iro* (que podría traducirse como "el verde brillante de los brotes nuevos") o *asagi-iro* ("el azul verdoso de las hojas del puerro") son frágiles, resultan convincentes porque captan un instante preciso de la observación; por ello penetran tan profundamente en nuestro interior. Los nombres de los colores actúan como un hilo enhebrado en una aguja extremadamente fina capaz de unir con sus puntadas nuestras emociones más delicadas. Cuando la aguja da en la diana, sentimos placer o bien empatía, aunque su pinchazo pueda resultarnos también doloroso al volvernos conscientes de que esta delicadeza está desapareciendo de nuestro entorno con el estilo de vida contemporáneo.

Del mismo modo que una cueva de estalactitas se forma por la acumulación de gotas de agua que caen en vertiginosa sucesión a lo largo de los siglos, las imágenes mentales del esplendor de la naturaleza o del mundo en transformación se acumulan gradualmente para dar forma a los nombres de los colores. Algunas cosas se pierden, otras se transforman, pero al final, sin que nadie sea consciente de ello, el color queda establecido como un gran sistema de conciencia. En el mundo hay, probablemente, tantos sistemas de color tradicionales como culturas o lenguas existen; *Colores japoneses tradicionales* es tan solo uno de ellos.

Itoshiroshi

La etimología de la palabra *shiro* (blanco), uno de los cuatro colores tradicionales japoneses, tiene sus raíces en el antiguo término *shiroshi* que, a su vez, está relacionado con las palabras *itoshiroshi* e *ichijirushi*. Todos estos vocablos están basados en la corporeidad de las cosas. Así, *ichijirushi* define una circunstancia objetiva y bien definida que se manifiesta en la pureza de la luz, la claridad contenida en una gota de agua o la potencia de una cascada al impactar contra las rocas. El *shiroshi*, por su parte, es el estado de conciencia al que accedemos cuando, al concentrar nuestra atención en estas cosas, nuestros sentidos parecen vibrar como las cuerdas de un koto. Con el transcurrir de la historia, estos antiguos términos quedaron subsumidos en el concepto de "blanco" —o *shiro*—, que quedó fijado como principio estético.

Los colores tradicionales no solo hacen referencia a la naturaleza física de la luz; como decíamos, llevan implícitas toda una serie de asociaciones, tanto materiales como emocionales. El hecho de que el *ichijirushi* esté latente en el *shiro* nos permite explicar sus características distintivas y lo convierte en una herramienta extremadamente útil para analizar la blancura más detalladamente.

Huir del color

El blanco es un color particularmente especial porque también puede considerarse como ausencia de color. Antiguamente, los japoneses denominaban *kizen* a las posibilidades latentes que existen antes de que tenga lugar un acontecimiento. El blanco podría considerarse *kizen*, ya que en él se halla latente la posibilidad de transformarse en otros colores.

El blanco puede obtenerse mezclando todos los colores del espectro cromático, o bien mediante la sustracción de la tinta y los demás pigmentos. En resumen, el blanco es, al mismo tiempo, "todos los colores" y "ningún color". Esta característica de un color que puede "huir del color" hace del blanco algo muy especial. No solo la textura del blanco evoca poderosamente la materialidad de los objetos, sino que contiene principios espaciales y temporales como *ma* —un intervalo de espacio y tiempo— y *yohaku* —margen vacío—, o conceptos abstractos como la no existencia o el cero.

Obviamente, estos atributos no tienen nada que ver con el blanco en cuanto que color consumible dentro de una determinada tendencia, ni son temas adecuados para un debate teórico sobre el color. Tampoco pueden debatirse adecuadamente dentro de la genealogía del colorido japonés tradicional. Sin embargo, la reflexión sobre estos aspectos del blanco abre cierta línea de investigación. Si el blanco no es simplemente un color más, ¿no deberíamos ser capaces de entender su funcionamiento como concepto de diseño o expresivo?

La forma básica de la información y de la vida

El mundo es como un opulento festín de todos los colores imaginables. El frescor de los árboles, el centellear de la superficie del agua, los vivos colores de las frutas, el ardiente resplandor de una hoguera; todos y cada uno de estos colores nos son muy queridos. Sin embargo, con el transcurso del tiempo los infinitos movimientos y palpitaciones de la vida se mezclan entre sí y dan lugar al color marrón. La viveza de los colores de la naturaleza es tan bulliciosa como la paleta de los impresionistas, pero, cuando estos colores se mezclan entre sí, inmediatamente se vuelven del color gris del caos. En otoño, las hojas verdes se tiñen de escarlata y oro antes de marchitarse, y, como en la metáfora bíblica, "en polvo se convertirán". No obstante, el caos no significa la muerte; colmado de la deslumbrante energía del color, alumbrará de nuevo flamantes colores.

Podríamos situar el blanco dentro de este universo de formas de vida en constante mutación y evolución. Es la imagen más vívida y singular que emerge del centro del caos, porque funciona contra el principio de mezcla y se nos revela al romper la fuerza gravitacional que arrastra todo hacia el gris. El blanco es el ejemplo más extremo de esta singularidad. No es una entidad surgida de una mezcla; ni siquiera es un color.

La segunda ley de la termodinámica, la entropía, demuestra conceptualmente la naturaleza del caos. Su premisa básica es que la cantidad de energía presente en el universo permanece constante. Así, por ejemplo, la temperatura del café caliente contenido en una taza descenderá hasta igualarse con la temperatura del entorno. Mientras mantengamos la taza en nuestras manos, el café no recuperará su temperatura original, pero tampoco se congelará, aunque se enfriará irremediablemente. Sin embargo, esto no significa que el calor haya desaparecido, sino que se ha alcanzado un equilibrio con el entorno. Tokio, Siberia y la cuenca del río Congo tienen temperaturas diferentes debido al movimiento de la Tierra, que en sí misma es como un ser vivo; sin embargo, dentro de millones de años todos estos lugares tendrán la misma temperatura. De manera similar, la temperatura de la Tierra se mezclará gradualmente con la del universo que la rodea hasta que, finalmente, ambas sean la misma. El incremento de la entropía comporta la disminución de la singularidad a medida que nos vamos acercando a ese inevitable final. Del mismo modo que los colores se van tornando grises durante el proceso de combinación, el destino final de la entropía es un mundo caótico lleno de una enorme energía; todo el calor —la temperatura de la taza de café, de Tokio, de la Tierra— está preservado dentro de este equilibrio general, de este caos que, a pesar de todo, no supone la muerte o la nada. Siempre cabe la posibilidad de que el nivel de entropía se reduzca cuando esta energía no identificable se transforme en una forma singular —llámese vida o información— surgida del caos. La vida es aquello que emerge del campo gravitacional de la entropía. Entendida como significado, la información emana del sinsentido del caos. Desde esta perspectiva, la vida y la información resultan igualmente significativas.

El blanco puede entenderse como la forma básica de vida o de información surgida del caos; es esa forma extrema de entropía negativa que está encadenada y decidida a huir a toda costa. La vida irradia color, mientras que la tendencia innata del blanco es huir del color hasta alcanzar el extremo opuesto del caos. La vida llega a este mundo vestida de blanco, pero comienza a adquirir color en el momento en que toca tierra y asume una forma concreta. El blanco nunca puede ponerse de manifiesto en el mundo real; aunque creamos que lo hemos visto, se trata de una ilusión. En el mundo real, el blanco siempre está contaminado por impurezas; no es más que un vestigio, una señal que apunta en dirección a sus orígenes. El blanco es delicado y frágil. Desde el momento mismo de su alumbramiento ya no es perfectamente blanco y, al tocarlo, lo contaminamos aún más, aunque no nos demos cuenta. Aun así —o precisamente debido a ello—, ocupa un lugar destacado en nuestra conciencia.

Según Shizuka Shirakawa (1910-2006), uno de los mayores expertos en *kanjis*, el ideograma chino correspondiente al blanco (ideograma) toma su forma de la calavera humana. Supuestamente, la imagen que del blanco tenían las gentes de la época estaba basada en la observación de las calaveras abandonadas en los campos, blanqueadas por el viento, la lluvia y la luz del sol; no cabe duda de que el encuentro inesperado con una calavera debe dejar huella. Los vestigios de vida contenidos en el color blanco nos sorprenden cuando topamos con huesos de animales en el desierto o con conchas marinas a orillas del mar.

El blanco existe en la periferia de la vida. Si los huesos descoloridos nos conectan con la muerte, la blancura de la leche y los huevos, por ejemplo, nos hablan de la vida. Amamantar es una actividad importante para todos los mamíferos, una forma de transmisión de la energía vital del progenitor al vástago; ya sea humana o animal, la leche siempre es blanca. No obstante, cuando decimos "blanco lechoso" nuestra imagen es la de la entidad orgánica enturbiada, en cierto modo, por el fértil y abundante sustento que contiene. El sabor de la leche es el sabor del blanco lechoso, el sabor de su entidad orgánica, y me parece particularmente relevante que esta fuente de vida líquida que emana del seno sea blanca.

La mayoría de los huevos son blancos, independientemente del color del pájaro que los haya puesto. Un pájaro de color blanco puede poner huevos de color blanco, pero lo mismo sucede con los azulillos, los mirlos, las serpientes e incluso los caimanes. La vida real habita en el interior de esta blancura. La cáscara del huevo es como una membrana fronteriza entre este mundo y el siguiente, y cuando se rompe, lo que emerge ya no es blanco, sino que está impregnado del color del animal. ¿Acaso no es este el momento en que la vida recién nacida comienza a caminar hacia el caos?

Cuando el blanco emerge del caos infinito, se convierte en información; es decir, en vida. El caos es el "fondo", y el blanco la "figura". El proceso por el que la figura surge del fondo es la "creación", y podemos ver todas las formas básicas estratificadas en esa imaginación que aprehende el blanco mientras emerge del caos gris.

Capítulo 2
El papel

La energía del *itoshiroshi*

El papel es blanco. Aunque esta afirmación pueda parecer terriblemente obvia, la blancura del papel está lejos de ser algo ordinario. De hecho, podría decirse que la invención del papel blanco ha iluminado con luz esplendorosa el curso de la historia humana. El papel está tan omnipresente hoy en día que lo subestimamos, y olvidamos su especial significación, a pesar de que, como argumentaba en el capítulo anterior, el blanco rara vez aparece en nuestra vida cotidiana. Nuestra imaginación se ha transformado hasta extremos inimaginables como resultado de haber conferido existencia material, en forma de hoja fina y rígida, al principio de blancura. Así, aunque la invención del papel suele describirse como la invención de un "material de escritura", la importancia de su impacto "imaginativo" sobrepasa con creces su uso práctico. No cabe duda de que el papel es un soporte y de que, como tal, su importancia reside en su funcionalidad; sin embargo, la forma en que estimula la creatividad y la comunicación humanas resulta, si cabe, aún más significativa.

El papel es la energía materializada del *itoshiroshi*, esa forma extrema de pureza que nos sirve el caos y que se nos presenta tanto como potencialidad como realidad. Los seres humanos que entran en contacto con este potencial latente se sienten impelidos, de manera natural, a expresarse.

Blanco como una hoja de papel

El papel fue inventado en China hace unos 2.000 años, en las postrimerías de la dinastía Han. Se cree que su manufactura fue sistematizada por un consejero de la corte china llamado Cai Lun (50-121 d. C.). En esta primera época, el papel se elaboraba sumergiendo jirones de tela en agua, donde se machacaban y la pasta resultante se hacía pasar por un tamiz. Más adelante, la tela se sustituyó por corteza de árbol troceada, cuyas fibras, originalmente de color marrón claro o color tierra, se blanqueaban en las fases finales del proceso. La resiliencia del papel no se parece a la de ningún otro material, y su textura resulta agradable al tacto de las yemas de nuestros dedos. Si su color fuese, digamos, el verde claro de los brotes tempranos, o el naranja de un caqui maduro, o si tuviese la suave consistencia del vinilo, es poco probable que una cultura basada en la tecnología de la escritura y la impresión hubiese evolucionado tan rápidamente. Incluso si hubiesen surgido de manera accidental, la ausencia de color del papel —su resplandeciente "blancura"— y su tersa "resiliencia" cambiaron el curso de la historia. Su invención fue un avance que evocaba un mundo primigenio de pureza y calma inmaculadas, y un sentimiento de plenitud sin precedentes. Aunque su poco espesor uniforme lo hacía frágil y efímero, el papel preservaba la intensa "negrura" de las palabras y las imágenes a tinta. Fue un acontecimiento que marcó el advenimiento de un nuevo y extremadamente importante modo de percepción, cuyo singular fulgor iluminó por completo la historia de la cultura.

Hoy en día, debido al auge de los medios electrónicos, el rol que desempeña el papel en nuestras vidas se está transformando; se dice que la "galaxia Gutenberg" está llegando a su fin. Cierto es que el universo comunicativo creado por la relación recíproca entre el papel y las técnicas de impresión contenía el tipo de potencia explosiva que asociamos con el nacimiento de una galaxia. Pero ¿hasta qué punto ha quedado hecha añicos? Aunque entiendo la metáfora, la presunción de que los medios electrónicos han suplantado al mundo de la tinta y el papel se me antoja un tanto estrecha de miras. El papel es mucho más que un mero "material para escribir". En la medida en que su "blancura" simboliza la vida y la información, es un catalizador que estimula los procesos mentales de todos los seres humanos. Incluso si la invención del papel hubiese sido posterior al desarrollo de la tecnología electrónica, estoy convencido de que el simple acto de sostener entre las manos una hoja en blanco de papel, tan llena de posibilidades creativas, dispararía la imaginación humana.

El papel como catalizador creativo

A menudo se dice que el papel es un "medio impreso". Esto es especialmente cierto desde el auge de los medios electrónicos, aunque, a diferencia de estos, que carecen intrínsecamente de corporeidad, la naturaleza fundamental del papel no puede entenderse en su totalidad empleando el concepto "medio".

Si analizamos la cultura y la civilización desde el punto de vista de la percepción, en el entorno del ser humano propio de cada época, podremos encontrar catalizadores que estimularon el deseo creativo. En el caso de la cultura de la Edad de Piedra, por ejemplo, solo con sostener en nuestras manos un hacha de sílex podemos sentir instintivamente el impulso creativo de quien la fabricó. Su peso y sus cualidades táctiles confieren a la piedra una serie de posibilidades que sirvieron de inspiración a quienes la trabajaron. La Edad de Piedra tuvo una duración sorprendentemente larga, y parece ser que las formas de estas hachas fueron pasando de generación en generación durante 100.000 años. Hoy nos resulta difícil imaginar cómo una única herramienta y sus usos pudieron mantenerse prácticamente inmutables durante miles de generaciones. Aun así, cuando tomamos en nuestras manos uno de estos objetos y percibimos su peso, su dureza y su textura, entendemos instintivamente la fuerza motriz que dio impulso a su creación, y aún hoy nos emocionamos al sostenerlos entre nuestras manos. Esta emoción puede entenderse como el impulso que inspira toda actividad creativa.

En la Edad de Hierro sucede algo similar. La cualidad dura a la par que flexible de un material como el hierro actuó como catalizador para actividades como la agricultura y la guerra. Las sensaciones que generan el arado y la pala al remover la tierra animaron a los pueblos a despejar terrenos inhóspitos para fundar allí apacibles poblados, mientras que su ambición por invadir a sus vecinos y la conciencia de su poder sobre la vida y la muerte también se vieron sin duda estimulados por sus afiladas espadas de acero blanco.

Las tablillas de arcilla y la escritura cuneiforme de la era babilonia son otro de estos medios. Estas tablillas no siempre eran planas; de hecho, algunas de ellas están tan abultadas que parecen estar a punto de reventar, como si de una libreta henchida de documentos se tratase. Su superficie está atestada de diminutos caracteres cuneiformes grabados. ¿Cuál es la razón de la tremenda deformidad de estas tablillas? Probablemente, que, al tratarse de objetos portátiles, este diseño permitía grabar un mayor número de palabras. Dicho de otro modo, puede que el origen de esta caligrafía tan densa sea una manera de pensar que intentaba maximizar la superficie útil; por ello, los caracteres eran muy pequeños y la superficie de la tablilla estaba combada. Podemos deducir la fuerza subyacente de este deseo a partir del objeto concreto; es decir, de la propia tablilla y de la escritura que la recubre. La cultura es un reflejo del deseo humano. Si comparamos este deseo con la vela de un barco, podremos comprender el papel fundamental del viento —es decir, el medio dado— que la hincha. Siempre encontramos este tipo de medios "concretos" en la cultura y la civilización.

De manera similar, la blancura y la resiliencia del papel han estimulado el deseo humano. El papel no es simplemente un material inorgánico, una superficie neutra sobre la que imprimir letras e imágenes, sino que sus cualidades han suscitado un prolongado diálogo que ha enriquecido la capacidad de expresión del ser humano. Los libros pueden entenderse como un instrumento importante para hacer evolucionar este diálogo. Cuando indagamos en el significado de los medios electrónicos que nos envuelven, como el aire, ¿no deberíamos, antes que nada, reevaluar su poder comunicativo y sensorial?

Rumiar sobre el blanco

Mi trabajo me obliga a pasar un tiempo considerable sentado frente al ordenador; sin ir más lejos, ahora mismo estoy escribiendo al teclado. No obstante, también paso un montón de tiempo en contacto con el papel, y esto me hace sentir cómo se activa otra área de mi mente y cómo, de repente, aumenta la cantidad de energía que consume mi cerebro; solo tengo que tocar con la punta de la pluma o del bolígrafo la superficie del papel para que esto ocurra. Sin embargo, mi respuesta se intensifica si entran en juego las yemas de mis dedos y los ojos, como cuando, por ejemplo, escojo el papel para algún trabajo de impresión, o lo examino durante la encuadernación del libro. Quizá resulte más preciso decir que más que solo tocar el papel, estoy rumiando sobre él. Generalmente, utilizamos la palabra "rumiar" para referirnos a cómo las vacas mastican el bolo de hierba que previamente han regurgitado, pero en mi caso define el proceso repetitivo de evocar una serie de imágenes del blanco que guardo en mi memoria para después compararlas pausadamente con las hojas de papel que tengo frente a mí, de modo que pueda sopesar y evaluar estas últimas. "Rumiar" describe esta actividad a la perfección; es un término mucho más preciso que "elegir" o "examinar".

El diseño de un libro comienza reuniendo varios tipos de papel blanco, ya que se necesita un tipo de papel para el frontispicio, otro para la cubierta, otro para las guardas y, finalmente, otro para la tripa. En estos últimos años, he dejado poco a poco de utilizar papel de color, y me pregunto por qué el papel blanco ha acaparado mi atención. En los comienzos de mi carrera, me concentré en las distintas variedades de papel de color y dominaba la amplia gama de tonalidades que podían encontrarse en los muestrarios, pero en un momento dado empecé a centrarme casi exclusivamente en el blanco.

El diseño implica controlar las diferencias. Tener que repetir una y otra vez el mismo tipo de tareas me enseñó la importancia de acotar esas diferencias y retener solo las más esenciales. Llegué a creer que si quería tejer un tapiz que tuviese significado, lo importante eran las pequeñas gradaciones, no las disparidades acusadas; así, el tapiz resultaría mucho más sutil. A medida que aumentaba exponencialmente la variedad de colores con los que me topaba en la calle y que las muestras de tonos disponibles para imprimir sobre papel pasaban de unos cuantos cientos a varios miles, menor era mi interés por la diversidad del color. Acabé colocando sobre mi mesa de trabajo solo los materiales más básicos y estrictamente necesarios, una decisión que, sin duda, dio forma a mi trabajo. Y así llegó un momento en que el color se convirtió en algo superfluo y redundante.

No cabe duda de que el color es cultura, como comentaba al hablar sobre los colores tradicionales. Las fotografías en blanco y negro son ciertamente bellas, pero no tendrían sentido si el color desapareciese del mundo. No estoy diciendo que los colores artificiales sean feos; al contrario, admiro a quienes se deleitan con los colores primarios y vivos, y me fascina la habilidad de manipular por ordenador los colores en el mundo virtual. Es innegable que en la práctica habitual del diseño sería imposible prescindir del color. Tampoco es que el blanco me agrade particularmente, ni que evite el color; como diseñador gráfico profesional, lo utilizo cada día. La única diferencia quizás consista en que, cuando empleo el color, soy plenamente consciente de sus razones "funcionales"; entiendo perfectamente que el rojo es el color apropiado para los botones de emergencia y los extintores; es decir, que los sistemas de signos son subyacentes a nuestros entornos vitales y surgen lógicamente de ellos.

Así pues, a medida que me iba centrando en las sutiles distinciones emocionales y estéticas en mi trabajo, comencé a alejarme inconscientemente de la avalancha de colores artificiales y a dirigirme hacia el universo, más discreto, del color puramente natural. En lugar de poner el énfasis en el brillo y la vivacidad, me entusiasmaba el color desvaído de los libros viejos, el gris del cartón mezclado con el papel *washi* japonés y el delicado color del óxido. Descubrí la realidad, e incluso una especie de afinidad, en los elegantes colores naturales de las semillas vegetales y la arena. De entre todas estas cosas, la que dejó en mí una marca más indeleble fue el color blanco.

Existen infinitas variedades de papel blanco. Algunas son brillantes como la superficie de un espejo, otras se parecen a la rugosa piel del tiburón; algunas tienen una superficie mate y plana, semejante al yeso, mientras que otras tienen una textura como de cáscara de huevo. Las hay que relucen como si estuviesen cubiertas de talco, mientras que otras son blancas como la nieve. También hay papeles blancos que recuerdan la ambigua sensación de un cielo nublado, o que parecen tan suaves y mullidos como una alfombra, o tan duros como un tablero, o tan ligeros como el aire, o maleables, o robustos…, la lista es infinita. Por eso, aunque pueda parecer fácil a primera vista, escoger el papel para un libro es un proceso invariablemente largo y complejo porque implica reunir todos estos "blancos", encontrar el equilibrio entre los blancos "rojizos", los "azulados" y los "amarillentos", y decidir la longitud y el grosor de fibra más adecuados. Así, cada parte del libro puede desempeñar su propio papel: la cubierta transmite un poderoso silencio, la portadilla la pureza de los estrenos, la portada interior la textura de los nuevos comienzos y el cuerpo del texto contrapone las palabras y las imágenes al fondo claro, o susurra "¡tócame!" a los dedos del lector.

El blanco avanza o retrocede según sean los colores que lo rodean. La razón por la que parece más o menos blanco no es física, sino que se debe al contraste, que lo hace parecer más luminoso, que se desvanezca en el fondo o tener un aspecto apagado. En la actualidad, el papel es un producto manufacturado cuya blancura se mide en función de unos determinados estándares. El carbonato de magnesio —el polvo blanco con el que los gimnastas se frotan las manos antes de realizar sus ejercicios en las barras paralelas— es uno de ellos. Aunque durante mucho tiempo ha sido utilizado como baremo de la blancura, en los últimos años se ha creado un papel aún más blanco, libre del matiz azulado de la luz fluorescente, de una blancura pura que salta a la vista cuando se lo compara con otras hojas de papel. Este es el papel que se utiliza cuando se quiere resaltar la blancura.

No obstante, en un momento determinado llegué a la conclusión de que utilizar el papel más blanco no genera la impresión más acentuada de blancura. De hecho, un libro impreso exclusivamente sobre un papel de un blanco puro genera una sensación de blancura mucho más débil que un libro en el que se han seleccionado cuidadosamente diferentes tonos de blanco para la cubierta, la sobrecubierta, la portada interior, el texto, etc., lo que tal vez se deba a que el ojo humano se adapta rápidamente a los diferentes matices de luz y oscuridad. En el momento en que nuestros sentidos deben evaluar diferentes grados de transparencia y peso tiene lugar la orquestación completa de la blancura, así se logra el máximo efecto. Así, si colocamos un papel *glassine* semitransparente sobre un blanco mate con textura de cáscara de huevo, podemos evocar una sensación de profundidad del blanco. O sorprendernos por su sublime claridad cuando, mientras pasamos las hojas de un papel satinado como un espejo, nos topamos de repente con un tipo de blanco opaco, semejante al yeso.

El estándar físico del blanco, lo que se denomina "grado" de blancura, no es un indicador de nuestra percepción del blanco, de lo que se sigue que un grado más alto de blancura no determina por sí mismo nuestra impresión. Nuestra experiencia de la blancura de los pétalos que se abren en unas flores con desenfrenada exuberancia se ve atenuada si colocamos una hoja de papel de fotocopias en el fondo. Aunque el rocío confiera cierta pesadez al blanco tenue de los pétalos, la blancura de sus gloriosas flores abiertas se nos antojará sorprendente. En resumen, el blanco es un fenómeno que surge de nuestra propia sensibilidad.

La construcción de un libro se basa en un rumiar repetitivo sobre el blanco en el que participan el ojo, los dedos y la memoria. Al diseñar un libro, empezamos construyendo una maqueta, un libro de páginas blancas en blanco que es, por así decirlo, una imagen arquitectónica hecha con papel; he construido este tipo de edificios en incontables ocasiones. Quizás, como en el caso de las flores blancas, la información sea producto de la colaboración entre este tipo de acciones experimentales y el subconsciente; creo que este es el proceso que subyace a mis percepciones como diseñador.

Cuadrado de papel blanco

> un cuadrado blanco
> dentro de él
> un cuadrado blanco
> dentro de él
> un cuadrado blanco
> dentro de él
> un cuadrado blanco
> dentro de él
> un cuadrado blanco
> dentro de él

Este verso, tomado del poema en cuatro partes *Espacio monótono* [*Tancho na kukan*] escrito por Katsue Kitazono (1902-1978), transmite una imagen de una blancura extraordinaria: un cuadrado más blanco que el cuadrado precedente en cuyo interior aparece, a su vez, otro cuadrado aún más blanco. Podríamos decir que esta serie de blancos está altamente conceptualizada, pero si pensamos en el blanco como una experiencia sensorial, el poema nos aproxima a su cualidad esencial. De hecho, la imagen del blanco en forma de cuadrado hace que su blancura destaque aún más. Esta es quizá la razón por la que esta imagen se asemeja al proceso específico de la elaboración del papel. El líquido blanco que se extrae de la tina servirá para hacer una hoja de papel más blanca que el propio líquido, y cada hoja tendrá un matiz más blanco que la precedente, en un repetitivo proceso de producción del blanco que continúa indefinidamente. El poema capta el momento en que el líquido se extrae de la tina, como si se tratase de una noria que, al girar, alumbra una nueva vida.

Plegar el lenguaje

Los libros son repositorios de la sabiduría humana en forma lingüística y, desde su creación, se han perfeccionado notablemente. Los métodos de impresión han evolucionado para almacenar la sabiduría y la tecnología, la estética y el pensamiento que contienen en forma de textos claramente delineados.

Antes de la invención del papel, en Europa y Oriente Próximo se utilizaban como soporte para la escritura unas finas láminas de piel de cordero curtida llamadas vitelas o pergaminos. Los antiguos egipcios empleaban otro material, el papiro, obtenido de tallos de plantas cortados en sentido longitudinal que después se prensaban y secaban. En China, los ideogramas se escribían en tiras de madera o de bambú atadas entre sí con un cordel para formar una página. En todos estos casos, el producto resultante tenía forma rectangular, aunque originalmente el contorno de la piel de cordero, por ejemplo, reflejase, como es de esperar, la forma del animal. Las tabletas cuneiformes también tienen forma rectangular vistas desde arriba. Al parecer, pues, el ser humano reconfigura su entorno dándole forma rectangular.

Sorprendentemente, en la naturaleza existen escasos objetos rectangulares, a excepción de algunos cristales minerales que se acercan al cubo perfecto. Como sabemos, la ciencia moderna está construida sobre el orden natural conocido, por lo que no es extraño encontrar en sus recovecos el principio matemático del cuadrado. Y, sin embargo, el cuadrado y el rectángulo son extremadamente inestables, lo que explicaría que fueran tan raros en la naturaleza. ¿Por qué el ser humano se ha decantado por las formas rectangulares? Una posibilidad es que si rasgamos un objeto foliar de gran tamaño por la mitad usando ambas manos obtenemos una línea recta; si rasgamos, también por la mitad, una de las mitades resultantes, obtendremos un ángulo recto. Otra posibilidad tiene su explicación en la fuerza de la gravedad, capaz de convertir una enredadera colgante o un trozo de cuerda en una línea recta vertical. Podríamos especular largo y tendido sobre este tema; el hecho es que, cuando se utilizaban pieles de cordero como material de escritura, se cortaban en rectángulos, un proceso que puede considerarse como uno de los orígenes del diseño.

De manera similar, en la actualidad el papel se fabrica en rollos que después se cortan en hojas según la proporción 1:2. Si cortamos una hoja por la mitad y después la volvemos a cortar también por la mitad, la proporción se mantiene invariable; la relación proporcional entre longitud y anchura permanece constante. Las pantallas de televisión y las de los ordenadores son rectángulos que, apaisados, reproducen la disposición horizontal de nuestros ojos.

Los libros están formados por hojas de papel rectangulares. ¿Podría decirse, pues, que el lenguaje está plegado y almacenado en un espacio rectangular? Básicamente, el lenguaje se presenta en forma lineal. El ser humano no puede pronunciar más de una palabra a la vez; de no ser así, la comunicación sería aún más compleja de lo que ya es. Cuando hablamos, somos como instrumentos solistas. Esta estructura lineal es también la regla que rige la disposición del lenguaje ordenado mediante letras. Un libro es un receptáculo construido a base de controlar esta cadena ininterrumpida del lenguaje, plegada dentro de un espacio definido. Si el alfabeto occidental se escribe de izquierda a derecha, en la esfera cultural de Asia oriental los caracteres se escriben de arriba abajo. A excepción de elementos como la escritura "cursiva" o *caoshu*, y de ciertos tipos estilizados de escritura, las letras o caracteres son utilizados como partículas atómicas movibles —ya se trate de jeroglíficos que representan formas o de fonogramas que representan sonidos—, que pueden alinearse libremente en cualquier dirección. En sus orígenes, los caracteres fenicios —los precursores del alfabeto— se escribían de derecha a izquierda, pero en cierto momento comenzaron a escribirse de izquierda a derecha. Puede que esto guarde alguna relación con la invención del arado tirado por bueyes, cuyos surcos seguían un patrón similar.

Ya estuviesen impresos los símbolos sobre tiras de madera o bambú, o bien sobre pergamino, la alineación de izquierda a derecha o de arriba abajo se estableció de manera natural, quizá porque los instrumentos de escritura se sujetaban con la mano derecha. En la actualidad, la escritura horizontal de izquierda a derecha está cada vez más extendida, incluso en Asia oriental, ámbito cultural del *kanji*. Si consideramos los libros como un soporte cuya principal función es almacenar letras, es posible que los factores que explicarían esta tendencia sean la practicidad y la eficiencia.

Sobre las letras

Independientemente de la forma que adopten los caracteres o las letras, y del modo en que se dispongan —en pocas palabras, hagan más o menos bello un libro—, su origen no responde exclusivamente tampoco a su practicidad. Aunque cada carácter forme parte de un sistema lingüístico, también fue creado como un objeto estético.

En tiempos de la antigua Roma, los caracteres solían cincelarse en piedra utilizando instrumentos afilados; como resultado, la escritura romana presenta una floritura en relieve —una "serifa"— en el extremo de cada trazo, que podría entenderse como una manifestación visual de la apreciación de las gentes por la belleza de las letras. Dado que las palabras talladas estaban estrechamente asociadas con la política y la religión, un aura poderosa emanaba de la delicada estructura de estas letras y de su combinación. Eran mucho más que palabras para ser leídas; estas imponentes y grandiosas inscripciones cambiaron el curso del destino humano. Incluso hoy en día nos inclinamos ante el poder abrumador y la majestuosa belleza del pergamino que contiene la Carta Magna. La "dignidad" inherente en la densa disposición de las letras encarna la autoridad del texto escrito a mano.

La profundidad de las escrituras, la poesía y el lenguaje del budismo zen que encontramos en la caligrafía de Asia oriental —un ejemplo supremo de la gracia de la tinta negra que fluye sobre el papel blanco— confirió una nueva madurez al mundo de la expresión escrita, en contraposición con el lenguaje hablado. El uso del pincel tuvo un florecimiento relativamente temprano en China, e incluso los caracteres tallados en piedra muestran rasgos caligráficos. La finalidad de estos rasgos va más allá de las fronteras del lenguaje.

No cabe duda de que los caracteres pueden inspirar un temor reverencial al suscitar en el lector una sensación de dignidad y autoridad, pero también pueden minar sutilmente esa autoridad al apelar a las delicadas emociones de la gente. El *hiragana* —un silabario en cursiva que se desarrolló hace más de 1.000 años, en la era Heian— transmitía un sentido de la belleza que deconstruía con naturalidad el estatus autoritario y didáctico del *kanji*. Al utilizar exclusivamente el *hiragana*, las mujeres de la época fueron capaces de jugar un papel activo en el campo de la literatura. A diferencia de los autores masculinos, cuyos sólidos sinogramas eran reflejo de un estatus social elevado, el *hiragana* transmitía un universo sutil de delicadas emociones en líneas de escritura *caoshu* que parece bailar sobre el papel japonés (*washi*). De este modo, la estilizada técnica de la escritura en *hiragana* condujo a la creación de una nueva estética distintiva e independiente del "significado" textual.

Pero el cometido de este libro no es recopilar ejemplos de las culturas orientales y occidentales, sino verificar que los caracteres, en cuanto que "formas" contenidas en una superficie plana y cuadrada, constituían una estética plenamente desarrollada que trascendía su uso lingüístico. El poder de seducción del papel condujo al crecimiento sostenido del conocimiento, al que pronto se sumó un nuevo sentido de la belleza. El papel evolucionó hasta convertirse en un soporte para registrar y preservar los logros intelectuales y estéticos. Por ello, en la actualidad merece especialmente la pena examinar el paisaje cultural de ese período aparentemente interminable que llamamos la Edad Media.

Tipos y tipografía

La invención de los tipos móviles supuso una revolución para la reproducción y la difusión de la información; al mismo tiempo, las decorativas inscripciones a las que dieron lugar inauguraron una nueva estética. El objetivo de la imprenta de Gutenberg era poner en circulación la mayor cantidad posible de ejemplares de la Biblia. A diferencia de los medios electrónicos actuales, la composición no estaba formalizada en función de una base práctica, por lo que los caracteres tipográficos se inspiraron en el estilo gótico, entonces en pleno apogeo. Este estilo marcó los primeros textos impresos por Gutenberg, llamados "incunables", que se alzaron contra la autoridad y la dignidad de los textos manuscritos.

Sin embargo, el uso de este nuevo estándar respondía a un motivo oculto: las letras estampadas en tinta negra sobre el papel tenían un aspecto y una textura diferentes a las manuscritas. La gente, que siempre busca la belleza allá donde le sea posible, no pudo por menos que reconocerla, latente, en estos caracteres. A partir de entonces, numerosos diseñadores de tipos se dedicaron con pasión a refinar esta belleza, una pasión que se puso de manifiesto en el campo de la tipografía.

En el caso de la tipografía del alfabeto latino, destaca la excepcional tarea de Nicolas Jenson (1420-1480), inventor de la tipografía "romana", multifuncional y de fácil lectura, o la de Aldo Manuzio (1449-1515), creador de la "cursiva", que contribuiría a la impresión de manuales portátiles. Como ilustran estos ejemplos, la tipografía experimentó un floreciente desarrollo en la Venecia de finales del siglo XV, para lo cual tuvo que darse un equilibrio óptimo entre forma e inteligencia. El arte tipográfico sería pulido y refinado en Europa, a base de innumerables pruebas y errores en la encrucijada de la cultura y la tecnología.

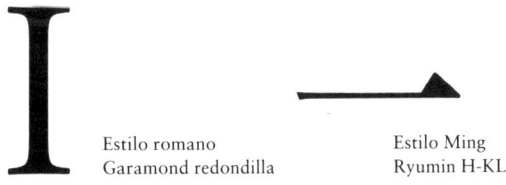

Estilo romano
Garamond redondilla

Estilo Ming
Ryumin H-KL

Las letras se formaron con el transcurrir de los siglos.

Pronto, la tipografía se vio envuelta en el movimiento artístico moderno, una nueva oleada histórica que tenía como objetivo la deconstrucción total de las formas del pasado y su reconstrucción de acuerdo con unos nuevos estándares estéticos. La serifa —el sello distintivo del estilo tipográfico romano— sucumbió en el proceso. El resultado fue un nuevo estilo, llamado *sans-serif* —sin serifa, o de palo seco—, que tomó el relevo de su predecesor. A mediados del siglo XX, en Suiza comenzó una nueva era para la tipografía, gracias a las creaciones de Max Miedinger (1910-1980), que elevó el estatus de la tipografía moderna con su obra maestra del palo seco, la Helvetica, o de Adrian Frutiger (1928-2015), quien categorizó el peso y la proporción de los caracteres y los integró según su diseño, al que llamó Univers. Sobre estos orígenes suizos se pusieron los cimientos del perfeccionamiento de los estilos caligráficos y el establecimiento de un sistema integral de caracteres. Si bien el desarrollo de la impresión estuvo marcado por la historia de las ideas y de la tecnología, el impulso que esta pasión por la belleza generó fue lo que convirtió a los libros en lo que hoy en día conocemos.

En China, los tipos cerámicos fueron inventados por Bi Sheng (990-1051) en el siglo XI, durante la dinastía Song. Sus textos de formato cuadrado, de bella ejecución, preceden a los de Gutenberg en más de cuatro siglos. En aquella época, los caracteres tallados en paneles de madera (xilografía) ya eran una práctica habitual. Aunque con los tipos cerámicos se buscaba una mayor eficiencia, esta técnica nunca alcanzó la madurez, ya que resultaba técnicamente difícil y poco eficaz moldear decenas de miles de complicados caracteres. Además, las preferencias estéticas de la población ralentizaron el avance de la tecnología en comparación con Occidente; los chinos preferían las xilografías precisas y detalladas a los monótonos caracteres resultantes de las composiciones tipográficas realizadas con tipos metálicos y cerámicos.

El llamado *kaishu*, o el estilo regular de escritura en chino, hizo su aparición mucho más tarde que la cursiva y el *caoshu*, o, por decirlo de otro modo, no fue el declive del *kaishu* lo que dio pie a la aparición de la cursiva y el *caoshu*. El estilo caligráfico más antiguo, el *xiaozhuan*, tiene que ver con la escritura sigilar (*zhuan shu*) y con la administrativa (*lishu*), estandarizadas por el emperador Qin Shi Huang (259-210 a. C.). En este estilo, se ponía más énfasis en la plasmación pictórica de los caracteres como un todo que en la delineación de cada punto y trazo. Tras un largo período de modificaciones, fue finalmente establecido como *kaishu* por el prominente calígrafo Qu Yang Su (557-641 d. C.). Durante la dinastía Song, el *kaishu* sería el estándar tanto para la impresión xilográfica como para los tipos cerámicos.

Por ello, a la estructura tipográfica del *kaishu* se la denomina "tipo Song", reconocido como uno de los estilos caligráficos más elegantes de la historia de la impresión en Asia oriental. Durante la última de las dinastías, la Qing (1644-1912), el *kaishu* fue estandarizado nuevamente y adquirió esa cualidad abstracta que encontramos en el Diccionario de Kangxi, para después evolucionar hasta el "tipo Ming" que conocemos en la actualidad.

Los distintivos extremos puntiagudos de los trazos de los caracteres del tipo Ming, llamados *uroko* ['escama de pez' en japonés], representan el comienzo y el final del trazo del pincel, una forma que se conservó para maximizar la legibilidad y la composición estructural de los caracteres sobre el papel.

La tecnología de impresión mediante tipos de metal fundido fue introducida en China en las postrimerías de la dinastía Qing por los occidentales y, más específicamente, por los misioneros llegados a Asia oriental con fines evangelizadores. La forma estructural del tipo Ming se asemeja a una particular tipografía europea, la Bodoni, semejanza que supuestamente tuvo su origen en el bagaje cultural de los misioneros, que los llevó a interpretar el estilo Ming de una determinada manera. Mediante los tipos de metal fundido, la tecnología occidental introdujo en China una nueva tipografía sistematizada al servicio del apostolado; a través de esta misma ruta, también Japón entraría en contacto con la nueva técnica de impresión.

A pesar de la frontera cultural existente entre Oriente y Occidente, y del desfase tecnológico entre ambas civilizaciones, las dos han cultivado el sentido de la belleza inherente al tipo caligráfico mediante un acto tan sencillo como plasmar caracteres sobre el papel. En este sentido, los tipos de fundición de Gutenberg y la xilografía china tienen un rasgo en común: convertir las letras en objetos independientes por el mero hecho de imprimirlas sobre el papel.

Tanto las letras del estilo tipográfico gótico como los caracteres del *kaishu* estándar chino han sido transmitidos y filtrados a través del principio de legibilidad, captando nuestra atención gracias a su refinamiento. Desde las inscripciones que aparecen en los antiguos huesos del oráculo chinos hasta que se culminó la tipografía Ming, desde el cincelado de los antiguos mármoles romanos hasta la perfección de esa delicada curva que encarna el equilibrio del universo, la historia de la destreza y la praxis humanas es inimaginablemente extensa. Las letras que hoy podemos ver sobre el papel han transitado por el largo cauce de la historia; al meditar sobre el modo en que se desarrollaron, nuestra imaginación se vuelve más penetrante.

Capítulo 3

El vacío

El significado del vacío

En algunos casos, la blancura denota el "vacío"; en cuanto que no color, el blanco se transforma en un símbolo del no ser. No obstante, el vacío no significa la "nada" o la "ausencia de energía", sino que más bien suele indicar un estado, o *kizen*, susceptible de llenarse de contenido en el futuro. Según esta asociación, el uso del blanco es capaz de crear una vigorosa energía para la comunicación.

La mente creativa no ve en un cuenco vacío algo sin valor, sino que lo percibe como algo en un estado transitorio, a la espera del contenido que terminará por colmarlo; es este punto de vista creativo el que infunde energía a la vaciedad. La profunda relación entre el *kuhaku*, o "vacío", y el color blanco se establece mediante este proceso comunicativo.

Tohaku Hasegawa, *Pinos*

La serigrafía *Pinos* de Tohaku Hasegawa (1539-1610) es una de las obras más celebradas del arte japonés. Consta de dos biombos de seis paneles cada uno —es decir, de dos pinturas compuestas por seis piezas cada una, colocadas simétricamente una al lado de otra—, pintados con una pincelada dinámica y llena de energía. En esta obra podemos apreciar un uso diverso, aunque siempre efectivo, del blanco y el vacío.

En primer lugar, el pinar está construido utilizando una pincelada técnicamente tosca, brusca incluso, una forma de representar el mundo real que hace que los árboles parezcan más "reales". Esta pintura monocroma crea la impresión de que los pinos están pintados con mucho más detalle de lo que lo están en realidad.

Pinos es heredera de la tradicional pintura a tinta de la dinastía Song del sur, la quintaesencia de las bellas artes en China. La pintura a tinta alcanzó su apogeo durante el período Song, cuyo esplendor fue comparable al del Renacimiento europeo, y se clasifica en dos estilos: el del norte y el del sur. A diferencia de las detalladas descripciones de la naturaleza que podemos encontrar en la pintura Song del norte, el estilo del sur delinea la infinitud del espacio vacío integrando lo "sutil" y lo "evanescente", y evitando plasmar en detalle las formas estructurales. Como en la técnica de hacer uso del vacío, colocar libremente la imagen sobre el papel fue el mayor logro de la pintura Song del sur. No es extraño, pues, que las obras de Hasegawa presenten cierta similitud con las de Mugi Fuchang (1210-1269), pintor del Song del sur. La provocativa demostración que Hasegawa hace del espacio y del concepto de vacío cristaliza en *Pinos*, que transmite una imagen de los árboles llena de vida al evitar intencionadamente su descripción detallada, una manera de hacer que activa la imaginación del espectador. En pocas palabras, la tosquedad y la omisión del detalle de esta obra despiertan nuestros sentidos.

El *haboku* es una de las técnicas de pintura a tinta relacionadas con este movimiento raudo y brusco del pincel. El cometido del *haboku* es permitir que el espectador imagine el paisaje dentro de una naturaleza siempre cambiante; es decir, tiene como misión ayudarle a agudizar su imaginación. La serigrafía de Hasegawa es un magnífico ejemplo de cómo se construyen estas imágenes.

En segundo lugar, *Pinos* no pone el acento en los árboles, sino en el espacio vacío entre ellos. Podría incluso decirse que el tema principal de la pintura no son los árboles, sino la laboriosa ejecución de la atmósfera brumosa. Los pinos aparecen poco definidos, fundidos en la profundidad de la blancura. Lejos de significar un estado del no ser, el espacio vacío blanco sugiere la presencia de innumerables árboles tras la superficie pintada. La atmósfera exquisitamente densa está cargada de un sutil movimiento que hace que los sentidos del espectador se dejen llevar por el espacio. De hecho, la característica más importante de esta pintura es cómo la bruma evoca el universo ilimitado y flotante de la imaginación.

En el biombo de la izquierda aparece pintada en blanco una montaña sagrada, cuya parte superior ocupa dos secciones del lado derecho de la imagen. La sensación de distancia se crea mediante el uso del más blanco de entre los blancos. El resto de la montaña es un espacio vacío en la superficie pictórica, aunque también podríamos decir que queda oculto tras la blanca niebla. El paisaje que la rodea, desde la vista más cercana hasta la más alejada, está sepultado en el terreno brumoso. A pesar de su vaguedad, nuestros ojos se ven atraídos hacia ese espacio blanco en el que deambulan a placer de un lado a otro.

Los japoneses tienen en gran estima esta paradójica representación del espacio vacío en el arte pictórico que les ha ayudado a desarrollar una capacidad imaginativa que va más allá de la descripción detallada de la naturaleza. *Pinos* de Hasegawa es uno de los arquetipos que dan forma y transmiten este gusto estético. Tal como afirma el *Manual de técnicas pictóricas* del período Edo, "cuando forma parte de un motivo más amplio, incluso el papel blanco resulta satisfactorio". En otras palabras, un espacio sin pintar no debe entenderse como un área libre de información; los cimientos de la estética japonesa descansan sobre ese espacio vacío, y sobre él se ha construido toda una panoplia de significados. Por tanto, dentro de esa dimensión que denominamos "blanco" se produce un importante nivel de comunicación.

El vacío como potencial ilimitado

Un estado vacío tiene la posibilidad de devenir otra cosa en virtud de su naturaleza receptiva. El mecanismo de comunicación se activa cuando entendemos el receptáculo vacío no como un estado negativo, sino en función de su capacidad para llenarse de algo. La antigua religión sintoísta japonesa venera los "ocho millones de dioses" que existen en la naturaleza; si la analizamos desde otra perspectiva, entenderemos que se trata de una técnica de comunicación, de un poder de la imaginación para invocar a los dioses errantes de cualquier lugar. Así pues, ¿cómo se construye el espacio vacío en la arquitectura sintoísta?

El santuario sintoísta (*jinja*) consiste en un espacio central donde tienen lugar las actividades religiosas. También se lo denomina *shiro* o *yashiro*, y su principio fundamental consiste en "abrazar el vacío". En su forma original, el *jinja* constaba de cuatro pilares que arrancaban del terreno y cuyos extremos superiores se ataban entre sí con cuerdas sagradas, creando así un espacio vacío en el centro. Debido precisamente a que este espacio se ha pensado para estar vacío, siempre cabe la posibilidad de que algo entre en él. Esta "posibilidad" resulta crucial, ya que puede entenderse como la esencia del sintoísmo, aquello que activa la mente de la gente y la lleva a orar.

Los "ocho millones de dioses" sintoístas no son simples deidades locales; su existencia es universal. Flotan sobre las casas de los pueblos y sobrevuelan silenciosamente los ríos y océanos. Hay dioses que vuelan entre los árboles del bosque y otros que habitan en los rábanos recién arrancados de la tierra. En un grano de arroz hay siete dioses. Los dioses moran en el agua que brota del manantial, pero también en los objetos descompuestos. La gente no puede "secuestrar" a los dioses —que llevan una existencia libre en la naturaleza— en beneficio propio; es algo impensable. Sin embargo, se puede definir un espacio vacío que los atraiga, un lugar al que entrar cuando les venga en gana.

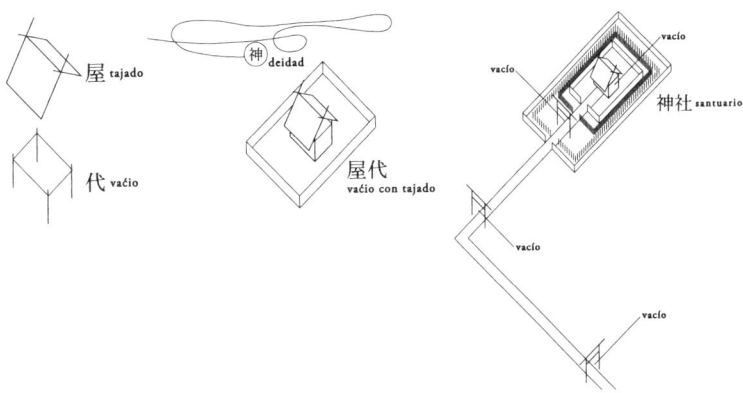

El santuario sintoísta, adornado con los objetos naturales que se emplean en el ritual, es el lugar donde los dioses son bienvenidos; los nudos en lo alto de los cuatro pilares indican que el espacio ha sido completado. El acto de unir las manos en una atenta oración ante esta posibilidad —es decir, el *shinto*— se consolidó en este lugar específicamente diseñado para atraer a esos dioses errantes y ofrecerles la posibilidad de entrar.

El *yashiro*, el espacio central vacío con forma de marquesina situado entre los postes con borlas, no es más que un *shiro* con tejado. No obstante, el santuario sintoísta actual presenta una disposición más elaborada, con una puerta principal (*torii*) bien definida, un pasaje que conduce al altar, y una valla que define y delinea los límites del *yashiro*. La oración de la gente sigue toda una secuencia de acciones: acceden al templo pasando por debajo del arco de entrada, llegan hasta el altar, dan una palmada y, finalmente, se sitúan frente al centro del *yashiro* y liberan su mente. Dado que el principio rector del *yashiro* es el vacío, el santuario funciona como un recipiente al que van a parar los pensamientos y los deseos del pueblo. El centro del espacio vacío no es un lugar para enviar mensajes a los dioses, sino para dar cabida a los deseos más fervientes del pueblo, como un recipiente que espera ser llenado. En el santuario se coloca un cepillo para limosnas, en el que la gente introduce, al mismo tiempo, su donativo y sus deseos. El santuario sintoísta sirve para unir a los humanos con los dioses, un papel que cumple permaneciendo vacío. Al mismo tiempo, el pueblo busca la paz vaciando su mente mientras permanece a la espera de la visita de algún dios.

El santuario de Ise y la información

Aunque la estructura del santuario de Ise —el lugar más sagrado del sintoísmo, dedicado a la diosa Sol— pueda parecer complicada, su principio rector es tan sencillo como el del *yashiro*: su centro es un espacio vacío cuyo poder reside en la posibilidad de devenir. En el santuario, el no color blanco, como símbolo del vacío, desempeña su papel: unas tiras en zigzag de papel blanco cuelgan de los festones sagrados de paja de los cuatro pilares, el pasaje que conduce hacia el altar está cubierto con guijarros blancos y la frontera entre el mundo de los dioses y el mundo secular está dividida por una tela blanca cuadrada. Cuando ondea al viento, esta tela blanca es símbolo de la comunicación entre ambos mundos, como si un ser vivo la estuviese atravesando.

Se dice que en el santuario de Ise puede apreciarse la influencia de la arquitectura del sur de la Polinesia. De todos es sabido que la cultura romana llegó a China a través de la Ruta de la Seda, y que de ahí pasó a Corea y Japón. Sin embargo, el archipiélago japonés está situado frente a la zona meridional de Asia, con la que se conecta por el océano. Gracias a esta ubicación geográfica, Japón ha recibido la influencia de culturas del mundo entero. La arquitectura del santuario de Ise presenta características claramente provenientes del Pacífico y la Polinesia, aunque estas han sido incesantemente depuradas por la cultura japonesa a lo largo de los siglos, hasta transformar este sistema de construcción en algo puramente japonés.

Una vez cada 20 años, el santuario de Ise se reconstruye por completo, en un proceso llamado *shikinen zotai*, o, abreviadamente, *zotai*; es decir, que la vida útil de este *yashiro* en particular es de 20 años. Cada nuevo edificio se levanta junto al edificio que lo precedió, de modo que, una vez cada 20 años, pueden verse los dos edificios, el antiguo y el nuevo, uno junto al otro. Más de un millar de piezas e instrumentos para el ritual son sustituidos por otros completamente nuevos, y se ponen a recaudo en el nuevo edificio. Así, el edificio antiguo es clausurado mediante un proceso de deconstrucción.

La planta del templo también se modifica una vez cada 20 años, durante el proceso de reconstrucción. Esta planta no se trata de conservar, sino que se reformula con un nuevo proyecto. Como cabe esperar, este nuevo proyecto presenta diferencias físicas con el santuario anterior, pero lo realmente importante son las nuevas ideas y la nueva sensibilidad implícitas en el refinamiento del nuevo diseño. A través de la reproducción, la información se transforma en una nueva forma de vida.

Los carpinteros del templo transmiten de generación en generación sus sistemas constructivos. Un maestro carpintero puede hacerse cargo de la reconstrucción tras completar su formación bajo la tutela del maestro de obra anterior. En el momento en que se erigen los pilares del nuevo *yashiro*, el maestro entona un conjuro que carece de significado concreto, pero que le ha sido transmitido como un ritual oral que debe ejecutarse con precisión.

Mediante estos proyectos cambiantes, la arquitectura de los templos ha pasado de generación en generación durante más de un milenio, modificando gradualmente su forma original a fin de adaptarla a la sensibilidad japonesa. Los japoneses han completado con éxito la transición de la arquitectura de estilo polinesio a la simplicidad minimalista mediante un proceso de transformación que refleja el proceso evolutivo de las formas vivas, que, codificadas en el ADN, transmiten a la siguiente generación el original y, al mismo tiempo, la nueva información adquirida.

En el capítulo anterior dijimos que el blanco es información que emerge del caos. La actividad que rodea a la reconstrucción del santuario Ise es un ritual de renacimiento que da forma al caos para después hacerlo retroceder, partiendo nuevamente de cero cada vez gracias a un mecanismo que podríamos denominar transmisión de técnicas. El *zotai* sería así un intento de restaurar el templo en cuanto que información; es el *itoshiroshiki* que ha atravesado el caos. Mediante este proceso, se purifica un objeto con el que estábamos "familiarizados" y transforma en una nueva entidad "desconocida". Un *yashiro* recién construido con ciprés blanco es de una blancura divina.

Los celadores del templo escenifican su ritual diario vestidos de blanco, otro ejemplo del concepto de vacío se expresa a través de este color. Se trata de una tradición arcaica de esta antigua religión y, al mismo tiempo, de una forma del entorno humano, de lo que llamamos "diseño". El núcleo de la comunicación en la cultura japonesa es el "vacío", que coexiste junto a otro concepto llamado "blanco".

Nada se dice

Se suele dar por sentado que la comunicación conlleva algún tipo de intercambio lingüístico significativo. Hay momentos, sin embargo, en que las palabras y el contenido se hacen innecesarios: un cruce de miradas, por ejemplo, puede ser una manera muy efectiva de compartir pensamientos e ideas. Aunque no siempre resulta adecuado transmitir información de este modo, si ambas partes intercambian sus pensamientos mediante la mirada podemos decir que la comunicación se ha producido con éxito. Lo que llamamos comunicación es un mecanismo de transmisión que, de manera efectiva, guía al contenido —es decir, una información concreta y comprensible— utilizando para ello un medio. La comunicación, sin embargo, no comienza y acaba con un mero intercambio de signos. Si dos personas indican que están de acuerdo asintiendo simultáneamente con la cabeza, también se establece un vínculo entre ellas. Si se hubiese llegado a este acuerdo solo mediante el contacto visual —y obviando a propósito la codificación y decodificación de signos—, estaríamos ante el mejor proceso de comunicación posible. Los japoneses llaman a esta condición ideal "un aliento de alfa y omega" (*a-un no kokyu*). En la entrada de los templos sintoístas se coloca una pareja de perros guardianes tallados en piedra; el de la izquierda exhala el "*a*", mientras que el de la derecha inhala el "*un*"; en términos de comunicación, esto podría describirse como el proceso de emisión y recepción. Cuando este proceso de intercambio se lleva a cabo de manera simultánea, se produce un entendimiento mutuo e instantáneo; es el momento "*a-un*".

A menudo se critica, por difícil de entender, el sistema japonés de comunicación, y cierto es que la conversación puede parecer ambigua, ya que se deja mucho por decir. A menudo, por ejemplo, no se menciona quién es el sujeto de la frase. Es más, los japoneses tienden a dejar temas sin aclarar en una conversación utilizando técnicas como el *nemawashi* —un delicado y, a menudo, concienzudo proceso destinado a alcanzar el consenso— y el *haragei*, la indicación no explícita de las intenciones del hablante. Esta manera de hacer puede resultar difícil de entender si la comparamos con el sistema occidental, que indica claramente los sujetos de las frases, construidas de manera lógica. Sin embargo, técnicas de comunicación como el *a-un no kokyu*, el *nemawashi* o el *haragei* son, de hecho, extremadamente sofisticadas. Como a menudo los sujetos no están claramente definidos, resulta imposible puntualizar quién es específicamente responsable de una afirmación determinada; el sistema japonés se basa más bien en alcanzar el consenso a base de mantener las cosas en silencio. Llegar a un acuerdo mediante este sistema es una forma de comunicación colectiva altamente evolucionada, en la que lo habitual es que la gente reconozca que el modo en que han logrado el acuerdo mutuo les resulta satisfactorio. Quizá en la actualidad podría estudiarse la comunicación colectiva en internet mediante un análisis detallado de este método de consenso.

Cuando se está tomando una decisión de gran importancia, los japoneses no expresan de manera explícita el asunto o su objetivo; en su lugar, ponen el asunto entre paréntesis introduciendo el vacío en la comunicación, como sigue:

—¿Debería proceder(se) de este ( ) modo?
El grupo permanece en silencio.
—Dado que no hay objeciones, (se) ha decidido
proceder de este ( ) modo.

Se trata, sin duda, de un sistema extremadamente difícil de dominar para quien no sea japonés. Aunque un asunto sea de la máxima urgencia, no se verbaliza directamente mediante un nombre, sino que es sustituido por un pronombre impersonal para, de hecho, ocultarlo. La decisión no la toma nadie en particular, sino que todos los presentes, en cuanto que participantes en el debate, comparten equitativamente la responsabilidad de la decisión tomada, y su silencio se interpreta como signo de aprobación. En este caso, el pronombre significa el asunto, al que llena de contenido como quien colma un recipiente vacío. Esto no significa que el asunto se haya modificado ni que se haya mediado en la conversación para disipar la ambigüedad. Se trata, más bien, de una aplicación concreta del vacío entre las partes implicadas que entienden a la perfección lo dicho e intentan alcanzar el consenso sin tener que recurrir al ejercicio de la responsabilidad o del poder individuales. La cuestión fundamental no se entierra bajo el silencio, sino que se torna flexible en el vacío para dar apoyo estructural al procedimiento utilizado para alcanzar un acuerdo sin disenso. Podría parecer que este mecanismo de comunicación carece de lógica cuando los políticos lo utilizan como una artimaña para eludir responsabilidades, pero en realidad su naturaleza esencial es muy lógica.

En un cruce de calles, necesitamos señales de tráfico que establezcan una clara diferencia entre el "pare" y el "circule". Pero si observamos una rotonda, veremos que los conductores pueden avanzar hasta alcanzar la posición deseada sin necesidad de detenerse. Aunque este no sea el ejemplo perfecto, eliminar del debate la mención explícita a un tema crucial como técnica de comunicación es como encontrar una solución ingeniosa para eliminar las señales de tráfico en un cruce. Puede que cuando un tema fundamental se ponga entre paréntesis se produzca cierta confusión sobre qué debe insertarse allí; sin embargo, esta confusión o malentendido no es más que otro aspecto de esta técnica. La bandera nacional de Japón puede servirnos para ilustrar este punto.

La receptividad de un círculo rojo sobre un fondo blanco

La bandera nacional japonesa consiste en un fondo blanco con un disco rojo en el centro, y podría decirse que se trata de un símbolo que ejemplifica el vacío.

El círculo rojo no posee significado alguno; es, simplemente, un círculo rojo, sin más. Los significados que se le atribuyen —como la nación, el emperador o el patriotismo japoneses— son puramente arbitrarios. El hecho de que el círculo rojo capte nuestra atención lo convierte en un medio muy efectivo para comunicar y hacer circular cualquier significado particular con que se desee colmarlo. Dado que, de entrada, está vacío, cualquier significado servirá, ya sea invasión, destrucción o imperialismo, o bien patriotismo y paz. A mí, que pertenezco a la generación de posguerra, me enseñaron en la escuela que el círculo simboliza una nación pacífica, algo que, de mencionarse en el aula de alguna universidad china, causaría una conmoción general, e incluso, en algunas personas, evocaría dolorosos recuerdos. El significado del llamado "círculo rojo" era de una claridad meridiana para los innumerables soldados que se anudaron la bandera a la frente antes de salir a matar o morir durante la II Guerra Mundial.

A pesar de todo esto, la relación entre signo y significado es arbitraria, por lo que somos libres de interpretar el círculo como queramos. Podría significar, por ejemplo, el sol sintoísta, o la sinceridad, o una ciruela encurtida sobre un lecho de arroz; para quienes nos enseñaron que el círculo significa la paz, este representa la paz. Sin embargo, insisto: más allá de cualquiera de estas interpretaciones, un círculo rojo no genera significado alguno por sí mismo y son solo eso, interpretaciones.

El simbolismo de una ondeante bandera blanca con un disco rojo en el centro funciona de manera independiente, sin importar lo que la gente piense de ella. La bandera olímpica, por ejemplo, genera una poderosa fuerza centrípeta cuando es izada, ya que refleja las ideas y los pensamientos de los pueblos de todo el mundo. Este es el poder comunicativo inherente al símbolo.

Por consiguiente, el poder de un símbolo va de la mano de su receptividad. Dado que la sencilla cualidad abstracta de un círculo rojo sobre un fondo blanco resulta extremadamente ambigua, este signo puede llenarse con diferentes imágenes. La composición de este diseño es un ejemplo de la figura que solo adquiere significado en cuanto que relacionada con el fondo. Ya hemos comentado con anterioridad el significado de los cuatro colores —rojo, negro, blanco y azul— en la cultura japonesa; en este ejemplo, se maximiza el contraste entre el rojo ardiente sobre el blanco resplandeciente, que evocan la luz y la oscuridad, la claridad y la penumbra.

No hay muchos otros símbolos con una receptividad tan notable. Quizá la cruz, símbolo de la cristiandad, sea otro ejemplo apropiado, dado su poder para hacer que la mente se concentre.

Los símbolos captan nuestra atención gracias a su receptividad y pueden representar innumerables significados. Cuando leemos un símbolo, no existe interpretación correcta o incorrecta. En términos de funcionalidad, un símbolo puede mostrar diversos grados de receptividad; sin embargo, el símbolo no puede ser ni bueno ni malo, ya que, en sí mismo, está vacío desde un principio. Si existe un aspecto que puede considerarse importante, este sería la manera como se aplica su poder latente en una situación determinada. Por ello, a pesar de que la bandera japonesa represente una historia triste, aún puede ser portadora de cualquier significado posible si depositamos en ella nuestra voluntad y nuestras esperanzas. La bandera japonesa cumple silenciosamente con su función mientras encarna nociones contradictorias de tristeza, deshonra, esperanza y paz.

El vacío y el blanco

Durante mi investigación sobre los orígenes del uso consciente del concepto de vacío en Japón, mi atención se vio espontáneamente atraída por la cultura Higashiyama (Montaña del Este), que se desarrolló entre mediados del período Muromachi y el período Momoyama, y cuya estética del vacío quedó plasmada en la ceremonia del té. Puesto que el tema de este libro es el blanco, no es sencillo determinar hasta dónde podemos llegar en nuestra investigación sobre el poder del vacío. No obstante, el blanco (ideograma) y el vacío (ideograma) están estrechamente relacionados; el concepto de "espacio vacío" (ideograma) los aúna. El vacío está presente en el blanco, y el blanco está presente en el vacío. Espero que el lector llegue a comprender en su totalidad el concepto de blanco analizando cómo se refleja en la ceremonia del té el concepto de vacío.

La ceremonia del té

La belleza de los utensilios que se utilizan para preparar el té radica en su simplicidad. La caja para el té que tengo siempre a mano está recubierta de la savia del árbol de la laca japonés; el brillo que irradia su superficie delicadamente curva está compuesto por los reflejos de todos los tonos de luz del entorno, como si estuviese llena a rebosar de agua. La delicada forma de la cuchara larga y fina con la que se manipula el té siempre me llama la atención; su matiz estructural es la simplicidad, como si se hubiera tallado a propósito el nudo del bambú, y su elegante belleza surge de la equilibrada tensión que existe entre la naturaleza y la conciencia.

¿Por qué la sencillez resulta tan poderosa e inspiradora? Me gustaría indagar en este asunto reflexionando sobre la sensibilidad japonesa, arraigada en el descubrimiento de la belleza de lo simple.

En tiempos remotos, la humanidad percibía la belleza en los detalles ornamentales que conferían significado o poder a los objetos. Desde la Edad del Bronce hasta el surgimiento de la monarquía absoluta en Japón, durante el período Jōmon, y a lo largo de la historia cultural de China, Europa, el islam y el budismo esotérico, los seres humanos han rendido homenaje al poder adornando los objetos con intrincados motivos.

Esta muestra evidente de poder colectivo encarnada por estos elaborados motivos fue la que permitió la expresión simbólica de la unidad de los pueblos y las naciones. Aunque los artesanos necesitaban formarse a conciencia y tardaban tiempo en llevarlas a cabo, tenían en alta estima sus obras ornamentales en cuanto que símbolos del poder que ejercía el control.

El ser humano es un animal social que desarrolla su vida como parte de una colectividad. Desde el inicio de la historia de la humanidad, los diseños aplicados a herramientas e instrumentos fueron la expresión de las relaciones de poder dentro de las comunidades que los produjeron. Así, nunca encontramos recipientes de la Edad del Bronce sencillos y sin adornos; siempre presentan unas superficies densamente decoradas con detallados motivos. Lo mismo sucede con el motivo del dragón en China, los diseños geométricos del islam y los elaborados productos de barrocos y rococós. Todos ellos representan la majestad de sus gobernantes y el apogeo de sus culturas nacionales.

Sin embargo, hace ya más de un siglo y medio que los pueblos descubrieron la practicidad de los objetos sencillos y tomaron conciencia de su belleza y valor. El colapso del absolutismo dio paso a un nuevo tipo de sociedad, la "sociedad civil", en la que los individuos podían escoger libremente su forma de vida, su profesión y su lugar de residencia. Mientras esta sociedad "moderna" iba tomando forma, se hizo hincapié en la practicidad de lo sencillo y lo mínimo. Al mismo tiempo, el individuo moderno comenzó a crear su propio entorno, basando su sentido de la belleza y del valor en las ideas de practicidad y de optimización de los recursos. Es en este contexto histórico donde podemos entender la lógica de lo práctico.

Los japoneses, por su parte, ya descubrieron el valor de la sencillez a mediados del período Muromachi, que precedió a la modernidad europea en unos cuantos siglos. ¿Cómo se explica el nacimiento de esta estética en Japón?

Tal vez deberíamos comenzar con Yoshimasa Ashikaga (1436-1490), el sogún Muromachi, hombre cultivado con un sentido de la belleza muy desarrollado. Ashikaga se vio afectado, sin duda, por la devastadora pérdida de los artefactos culturales destruidos durante la guerra de Ōnin (1467-1477), un episodio que él mismo vivió. Debió causarle gran dolor contemplar cómo la civilización que se venía desarrollando en Kioto desde tiempos remotos era reducida a cenizas por el insensato deseo de un hombre. Santuarios y templos obra de generaciones de expertos carpinteros, rollos de papel colmados de deslumbrantes colores, la maravillosa pincelada de los artistas de antaño, creencias religiosas y pensamientos estéticos de tiempos inmemoriales…; todo se desvaneció. La pérdida de estos tesoros culturales durante la guerra de Ōnin tuvo un efecto mucho más devastador de lo que hoy podemos imaginar. Al final, Ashikaga renunció a su título de sogún en favor de su hijo y se retiró a Higashiyama, la cordillera de suaves montañas que se extiende a lo largo del flanco occidental de Kioto.

El templo Jishō-ji, más conocido en la actualidad como Ginkaku-ji —Templo del pabellón de plata o, sencillamente, Templo de plata— es la casa de recreo que Ashikaga se hizo construir en Higashiyama. Allí pasaba el tiempo, absorto en la caligrafía, la pintura y la ceremonia del té. En retrospectiva, Ashikaga puede considerarse como una figura fundamental en la creación del nuevo tipo de cultura que tomó su nombre del lugar donde vivió. Si la guerra de Ōnin supuso el fin de una era, la cultura Higashiyama marcó el comienzo de otra.

¿Cuál es la razón de que la estética Higashiyama hiciese tanto hincapié en la simplicidad y el vacío? ¿Es posible que el desencanto provocado por la guerra hubiese generado en Ashikaga y en sus paisanos de Kioto una perspectiva diferente acerca del mundo? Tal vez. Más importante que este estéril juego de adivinanzas es el hecho de que, a partir de ese momento, los japoneses comenzaron a buscar desesperadamente la belleza en la sencillez, alejándose de la influencia extranjera.

Los orígenes de la sala de estilo japonés

En una de las esquinas del Templo de plata hay una bella sala definida por una tensión en perfecto equilibrio. Se trata del *togudo*, el estudio donde el sogún retirado pasaba la mayor parte de su tiempo. En él, los tatamis no solo estaban colocados sobre ciertas zonas del suelo, como era costumbre por entonces, sino que cubrían toda la habitación. El *dojinsai* es una sala cuadrada, con cuatro tatamis y medio que cubren una superficie de unos siete metros cuadrados.

En la sala podemos ver un *chōdai* (baldaquino) elevado, que se utilizaba como escritorio; el muro adyacente consiste en dos *shōji*, o puertas correderas con pantalla de papel, que hacen las veces de ventana. Cuando se descorren los *shōji*, el jardín aparece frente a nuestros ojos. A la izquierda del *chōdai* se sitúan unos estantes, o *chigaidana*, que se utilizaban probablemente para almacenar libros u objetos decorativos. A la derecha del *chōdai*, otro par de puertas correderas conecta la sala con el pasillo. La sombra que proyectan los aleros en voladizo, la profunda penumbra que invade el corredor y la luz blanca que irrumpe a través de las puertas correderas de papel forman, en su conjunto, uno de los temas centrales propios de la construcción espacial japonesa. Junto con las *fusuma* —pantallas de partición que dividen la habitación en dos partes—, dan forma a la distribución básica de lo que en la actualidad entendemos como una estancia de estilo japonés, o *washitu*.

En este espacio sencillo y puro, prototipo original de la casa de té, Ashikaga saboreaba el suyo mientras dejaba fluir tranquilamente sus pensamientos.

Es probable que Murata Shukō (1423-1502), quien instituyó la sencilla ceremonia del té (*wabi-cha*), conversase a menudo con Ashikaga en esta sala. Shukō había abandonado su gusto por los lujos foráneos para descubrir la belleza en lo austero y lo marchito, es decir, en el *wabi*. No es difícil imaginar cómo pasaban el tiempo Shukō y Yoshimasa en el *dojinsai* del Templo de plata ni las novedosas ideas que allí intercambiaron.

Takeno Jōō (1502-1555) heredó de Shukō la ceremonia del té y la hizo más "japonesa", esforzándose por utilizar formas aún más sencillas que permitieran llegar al yo interior y al pensamiento complejo. La simplicidad conduce al vacío, el espacio donde reside la mente humana, que, como hemos visto, es el origen de la comunicación y aparece reflejado en elementos como el mito japonés. Una cucharilla para el té es un objeto sencillo cuya única característica significativa es la juntura del bambú. Hasta la invención de esta cucharilla por parte de Jōō, en la ceremonia del té se utilizaban cucharas de marfil importadas, decoradas con elaborados motivos; analizando las diferencias entre ambos tipos de cucharillas podemos entender claramente cómo esta búsqueda de la sencillez está en el origen del "estilo japonés" de Jōō.

Las técnicas y utensilios de la ceremonia del té, así como la forma de la casa que la alberga, quedaron pronto fijadas bajo las pautas de otro maestro del té Sen no Rikyō (1522-1591), en cuyo enfoque creativo la simplicidad y la tranquilidad resultaban cruciales. Los objetos que Rikyō utilizaba eran sencillos, lo que invita a imaginar cosas relacionadas con los sentidos. Se trata, pues, de objetos receptivos, tanto por su poder de comunicación como por las innumerables ideas que inspiran, de una sencillez que es, al mismo tiempo, la base conceptual y el ideal de la ceremonia del té.

En la época de Rikyō, las dimensiones de la casa del té se redujeron, y la ceremonia adquirió un aire informal y despreocupado; no obstante, a pesar de la aparente simplicidad, la atmósfera estaba cargada de una intensa energía. La caja en la que se guardaba el té, las tazas y el arreglo floral eran de una sencillez extrema. Cuando ofrecemos té a un invitado, debemos seguir solemnemente la secuencia ritual; la refinada estructura de la ceremonia nos anima a servir el té con la más profunda sinceridad.

Cuando el anfitrión recibe al invitado en su diminuta casa del té para intercambiar ideas, el escaso mobiliario hace que la imaginación se expanda en el espacio sencillo y despejado. El gusto particular del anfitrión queda plasmado en el arreglo floral y en el rollo pintado que cuelga de la pared del habitáculo lateral elevado, que varían según la estación y la ocasión. Por ejemplo, un cuenco lleno de agua con pétalos flotantes puede hacer que el anfitrión y su invitado se imaginen a sí mismos sentados bajo un cerezo en flor. El acto de interpretar el significado de los objetos expuestos para desarrollar su mensaje subyacente se llama *mitate*. Puesto que el humilde espacio apenas contiene objetos, la imaginación se libera: podemos imaginar la estancia bajo un cerezo en plena floración, junto a una tranquila orilla a la que llega el sonido de las olas, o en el fondo de un pozo.

Cuenta la anécdota que para recibir a Toyotomi Hideyoshi (1536-1598), uno de los caudillos militares más poderosos de Japón, Sen no Rikyō arrancó y tiró todas las campanillas que habían florecido en su jardín excepto una, que colocó sobre el suelo de la casa de té. Por obra de su propia vaciedad, esta se convierte en un escenario en el que la conciencia humana puede elevarse hasta alcanzar un nivel metafísico.

El polo opuesto de este enfoque teatral encarnado en la casa de té de Rikyō puede encontrarse en géneros como la ópera o el teatro musical. Ambos enriquecen la imaginación y estimulan los sentidos mediante efectos como la imitación de la realidad, la exageración de la belleza corporal, la iluminación y la música. La casa de té de Rikyō, por el contrario, rechaza estos elementos decorativos, evocando la ilusión y la fantasía mediante efectos y acciones muy limitados.

El sendero que cruza el jardín y conduce a la casa de té es un espacio de transición en el que uno camina desde el ámbito de lo mundano hasta el universo de lo sagrado. A medida que cruzamos del espacio natural, de una esmerada pulcritud, la percepción se intensifica. Como resultado, los cinco sentidos se agudizan y purifican hasta el punto de que los cambios del exterior ya no nos afectan cuando nos sentamos en el suelo del diminuto cobertizo. De este modo, dentro de la casa de té, los sentidos —en cuanto que "información"— se convierten en una prolífica fuente para la imaginación.

Sen no Rikyō estableció las siguientes "Siete reglas para el camino del té":

Dispón las flores como si crecieran en el campo.
Coloca el carbón de leña de modo que caliente bien el agua.
En verano, sugiere frescor.
En invierno, calidez.
Prepárate con antelación.
Tenlo todo dispuesto por si llueve.
Trata a los invitados con la máxima deferencia.

Aunque es posible que os preguntéis si eso es todo, estas palabras sugieren infinidad de posibilidades metafóricas. Por ejemplo, la expresión "como si crecieran en el campo" indica que el arreglo floral debe tener una apariencia natural, pero ¿cómo conferírsela mediante medios artificiales? Por mucho que nos esforcemos, estamos destinados al fracaso. Si interpretamos esta regla de manera más amplia, de modo que incluya todos los seres vivos y todas las estaciones, el problema de cómo hacer las cosas de manera "natural" —es decir, la espinosa cuestión de la conciencia— se amplifica.

Aunque la ceremonia del té consiste, sencillamente, en servir y beber té, esta actividad en su conjunto puede entenderse como una metáfora. En las siete reglas de Rikyō están implícitos varios aspectos de la actividad humana, todos ellos reflejo del concepto de vacío. En otras palabras, las reglas son un recurso para la ceremonia del té, que permite a las personas comunicarse entre sí y con los objetos, y el principio de vaciedad funciona dentro de estas normas.

El pensamiento mora en el vacío

Hasta ahora, he utilizado el concepto de vacío para explicar cómo nos comunicamos de diversos modos, intentando entender de manera creativa las intenciones del otro. El vacío forma parte de este proceso de comunicación, pues nuestro cerebro debe completar los elementos que faltan; es decir, que la comunicación y las ideas surgen del vacío. Actividades mentales como "ponderar" o "idear" no surgen de un proceso consciente de "pensamiento" que parte de cero, sino que, en mi opinión, tienen su origen en nuestro impulso inconsciente de "preguntar", que se basa en el "yo pienso" y que establece así ese vacío que pone en marcha nuestro cerebro.

El que sigue no es un ejemplo perfecto, pero puede ayudarnos a explicar la relación entre el vacío y el pensamiento. Existe una especialidad de fideos japoneses no muy común llamada *wanko soba*. Al comensal se le sirve una pequeña cantidad de fideos, que este procede a sorber. Tan pronto como ha terminado, la camarera le sirve una segunda ración. Cuando el cliente la termina, se le vuelve a servir otra ración inmediatamente. Dado que la porción de fideos es tan pequeña que puede ingerirse de una sola vez, el ciclo de servir y comer se repite muchas veces. El comensal no controla fácilmente la velocidad de la ingesta, ya que debe seguir el brioso ritmo de la camarera. Cada vez que esta sirve una nueva ración de fideos, los echa en el cuenco del comensal y coloca el bol que ha utilizado para servirlos delante de este, formando una pila cada vez más alta. Algunos clientes lo interpretan como un desafío a comer más que los demás comensales; para otros, ver crecer la pila de cuencos es una especie de confirmación de su hazaña, así que siguen comiendo.

El acto de pensar es el proceso inverso al acto de comer *wanko soba*. El comensal contempla los cuencos vacíos apilados frente a él y, en lugar de fideos, los llena con sus pensamientos, siguiendo un cierto ritmo: primero, un pensamiento llena un bol; después, con un destello, llena otro, y otro, y otro más. De este modo, como si se tratase de un reflejo condicionado, el "pensamiento" se acumula frente a nuestros ojos. No tengo ni idea de cuál es el camino exacto que siguen nuestros pensamientos, pero el ejemplo del bol de fideos vacío me sirve para explicar el mecanismo general. En resumen, nuestros cerebros insertan automáticamente "respuestas" en pequeños espacios vacíos. De esta manera, el vacío hace avanzar nuestro proceso mental.

Las preguntas creativas no necesitan respuesta

"El silencio es elocuente". Aunque esta frase pueda sonar contradictoria, llegados a este punto adquiere un sentido específico.

La locuacidad hace que el valor de las palabras se deteriore al inflarlas innecesariamente con la impresión de significado. Cuando se usa adecuadamente, el silencio fija el significado; es una faceta necesaria de la comunicación y de la sabiduría.

Expresiones como "lo bueno y simple, dos veces bueno" y "menos es más" hacen referencia a una realidad sutilmente diferente de la que subyace a la vaciedad. El vacío no implica meramente la sencillez de la forma, la sofisticación lógica, etc., sino que más bien nos proporciona un espacio en el que nuestra imaginación puede volar libremente, lo que enriquece en gran medida nuestro poder de percepción y el entendimiento mutuo. El vacío es este potencial. Por tanto, si alguien aplica inconscientemente un sencillo estilo geométrico a sus obras, o mantiene un pretencioso silencio, no podrá aprehender el verdadero significado del vacío. Uno debe ejercitarse y acumular experiencia para poder utilizar este concepto de manera eficiente. El ideal que hay que alcanzar es llevar a la práctica un plan que despierte la imaginación de nuestro público.

La creatividad y el "cuestionar" están hechos de la misma pasta. Una pregunta creativa es una forma de expresión que no requiere de una respuesta definida porque contiene infinidad de respuestas.

Capítulo 4
De vuelta al blanco

El *suiko* y el texto irreversible

El blanco influye en la relación de la gente con las ideas de completitud y perfección. Los principios estéticos de las culturas construidas en torno al papel y a la imprenta van más allá de lo impreso y de los tipos caligráficos; generan una conciencia que busca controlar la información a través de la llamada perfección del lenguaje. En la acción irreversible de imprimir un texto en letras negras sobre papel blanco se halla implícita la idea de que los textos poco maduros o que no han sido sometidos al escrutinio adecuado no deben ser impresos.

Existe una palabra japonesa, *suiko*, que tiene su origen en una historia bien conocida en Asia oriental. El protagonista del relato es Jia Dao (779-843), un poeta chino que vivió durante la dinastía Tang. Un buen día, Jia Dao lo estaba pasando especialmente mal tratando de completar la última estrofa de un poema. ¿Debía utilizar la frase "bajo la luz de la luna, un monje empuja (*sui*) la puerta" o bien "bajo la luz de la luna, un monje llama (*ko*) a la puerta"? Por mucho que lo intentaba, a Jia Dao le resultaba imposible resolver la cuestión. Esto, que es simplemente una anécdota, demuestra qué modo las sutiles diferencias entre las palabras dan forma a la imaginación poética. Puede que la delicada sensibilidad que abocó al poeta a la indecisión nos impresione, o tal vez censuremos que se desesperara por un detalle aparentemente trivial. En cualquier caso, estamos ante un ejemplo de la necesidad psicológica de alcanzar la "fijeza" y la "perfección".

Una vez que las cosas se han escrito sobre el papel, ya no pueden borrarse. No hay vuelta atrás. En la actualidad, esto puede apreciarse en el acto, socialmente aceptado, que consiste en ratificar un documento estampando en él nuestro sello o nuestra firma. El acto de estampar un sello rojo simboliza claramente esta irreversibilidad.

Fijar los pensamientos propios escribiéndolos sobre el papel es una acción irreversible, y más irreversible aún es plasmarlos en un texto impreso. El *suiko* puede entenderse como la estética que surge de esta conciencia. Y allí, en el fondo, detrás del deseo de alcanzar la perfección y la sofisticación, se encuentra el poder receptivo del color blanco.

De niño aprendí los ideogramas escribiéndolos infinitas veces sobre el tipo más común de papel que puede encontrarse en Japón. Esta repetición se denomina *shuji*, y es una especie de entrenamiento caligráfico que practicaba a pesar de la poca destreza y la inmadurez de mi mano. De hecho, la agonía de escribir esos caracteres tan poco atractivos una y otra vez sobre la pureza del papel blanco finalmente me sirvió de inspiración para mejorar, aunque el papel era el registro de mi poca habilidad. De manera similar, la implacable atención que Jia Dao prestaba a sus irreversibles errores quizás aceleró la estética del *suiko*. En mi opinión, este concepto es una de las fuerzas motrices que subyacen a nuestra cultura del papel. Si hubiésemos utilizado un soporte que nos hubiese permitido desentendernos de nuestros errores, nunca nos hubiésemos concentrado en la repetición y la perfección —como si de un tira y afloja se tratara—, tal como hacemos.

En la actualidad vivimos en un nuevo sistema de procesamiento del pensamiento llamado internet. En cuanto que medio integrador, la red parece haber creado un espacio para que los insatisfechos muestren sus quejas. Sin embargo, la verdadera naturaleza de internet radica en permitir a las personas ser copropietarias de un conocimiento sintético, en el que se dan por supuestas las posibles imperfecciones introducidas por los individuos que toman parte en los procesos. Se invita a cada uno de ellos, sea quien sea y esté donde esté, a expresar sus ideas. En el pasado, los expertos en los diferentes campos eran los responsables de organizar escrupulosamente los sistemas de información detallados, como las enciclopedias. En internet también sucede algo semejante a la edición de una enciclopedia; cualquiera puede retocar y corregir la información. Sin embargo, la información incorrecta o inútil, las opiniones heterodoxas y las expresiones inapropiadas están a la vista de todos de manera instantánea. En internet se revisa la información constantemente y esta adquiere un número infinito de significados a medida que la gente expresa su interés y su curiosidad en todo tipo de foros. En la red encontramos una mezcla entre conocimiento bueno y malo, intenciones maliciosas, burla, respeto, ridículo, crítica, etc. Las presiones a las que asistimos en internet son completamente diferentes de las que se producen en el mundo editorial; ello tal vez se deba a que este almacén de información en permanente transformación está muy presente en nuestra vida cotidiana. Este tipo de información, libre del peso de la crítica, homogeneiza el conocimiento utilizando un lenguaje neutral, como si intentase ocultar sus verdaderas intenciones. Sin lugar a duda, con internet ha nacido un nuevo estándar de conocimiento, un mundo completamente alejado de la estética del *suiko*.

Un salto hacia el blanco

Dentro del universo de información en continua transformación que es internet, algunos principios cargados de valores como "copia en limpio" y "fin" ya no están vigentes. La información ha dejado de ser concreta y concisa debido a las presiones intelectuales que conforman la red, donde el conocimiento siempre es, por así decirlo, inestable.

Una de las características de la edición en papel es que, una vez impresa, la tinta no puede borrarse, circunstancia que hizo que el principio de perfeccionamiento de la información diese un gran salto adelante; gracias a esta circunstancia hemos establecido un sistema de expresión concluyente y preciso sobre el papel blanco. Su naturaleza indiscutiblemente irreversible hace que nos sintamos conmovidos cuando logramos plasmar algo sobre él. Nos reta incesantemente a crear nuevas formas, que alimentan actividades como la escritura, la pintura, la poesía, la música, la danza y las artes marciales. La posibilidad del (irrevocable) fracaso es lo que se encuentra detrás de toda esta energía creativa. Al mismo tiempo, la base de la mente artística es la superación del error humano a través de una praxis y de un entrenamiento arduos. Por ello, el momento previo a una interpretación de música o danza se parece mucho a la pureza del papel en blanco; consiste en un estado de tabla rasa para el público y el intérprete, una tablilla perfectamente inmaculada.

El clásico japonés *Tsurezuregusa: ocurrencias de un ocioso*, escrito por Yoshida Kenkō (1283-1350) en el siglo XIV, contiene una famosa crítica al precepto que dice que "cuando se está frente a la diana, hay que llevar dos flechas en la mano". Kenkō advierte que un arquero debería llevar solo una flecha, porque en caso de llevar dos, su concentración se vería obstaculizada por su dependencia inconsciente de la segunda flecha. Es en esta concentración total que el arquero necesita donde encontramos el blanco.

La limpieza

Es fácil pensar que la belleza reside en el ámbito de la actividad creativa, pero la belleza raramente "surge" de la nada. En los últimos tiempos he comenzado a creer que la belleza se "descubre" a base de limpiar y dar lustre a las cosas a fin de preservarlas tal como son, una sensación que se vuelve más intensa cuando pienso en los jardines de los templos zen. La belleza de estos jardines no proviene de los espléndidos elementos creados por un diseñador de talento, sino que se pone de manifiesto a través de un continuo proceso de limpieza. El esfuerzo a corto plazo no puede dar origen a la belleza; esta solo puede crearse gracias a un prolongado proceso de limpieza y pulido que permita al ser humano y a su entorno natural coexistir como un solo cuerpo. Esta circunstancia se da en el jardín del templo zen, diseñado para transmitir la impresión de estar a orillas del mar.

    La naturaleza se transforma incesantemente y su fuerza innata es mucho más poderosa de lo que podamos imaginar. Las rocas, el musgo y las hojas muertas se convierten en tierra con el paso del tiempo. El color de la corteza del árbol se desvanece para renacer nuevamente; el agua del estanque es de un azul claro. Lo que recibimos de la naturaleza es una bendición que nos permite sumergirnos en algo que el artificio humano nunca podrá igualar.

Por una parte, el ser humano intenta competir con la belleza natural haciendo un uso consciente de su voluntad creativa. Esta conciencia está simbolizada en el espacioso jardín del templo que se extiende delante de la celda del abad. El jardín de rocas, de planta rectangular, existe como parte de la naturaleza orgánica. Sin embargo, sus guijarros blancos requieren de una atención constante; si se descuidan, su blancura no tarda mucho en adquirir el color de la tierra, y la superficie blanca del jardín se cubre rápidamente de hojas muertas y suciedad. Para preservar esta blancura, debe eliminarse la tierra que de manera natural se acumula entre los guijarros, una tarea ardua y laboriosa. Esta labor de limpieza no solo se aplica a los guijarros, sino que también deben limpiarse los senderos de piedra, el musgo, los pavimentos y las paredes. En pocas palabras, el jardín se mantiene a base de la interminable lucha del ser humano contra el proceso de desgaste de la naturaleza. Si uno no se esfuerza en preservar estos elementos, el jardín del templo se cubrirá de hierba en uno o dos años y comenzará a deteriorarse. En su batalla por preservar el orden frente al caos, el ser humano y la naturaleza coexisten sin fronteras. El jardín japonés encarna esta delicada coexistencia de humanidad y naturaleza.

En la medida en que la creatividad y el mantenimiento se perciben como actividades que no guardan relación entre sí, este proceso de limpieza merece un reconocimiento aún mayor. Los artistas de hoy en día están acostumbrados a que se otorgue gran valor a la creación de "lo nuevo". Sin ánimo de que se me malinterprete, creo que la sensibilidad japonesa está más en sintonía con la preservación que con la novedad. No quiero decir con ello que los japoneses no sean creativos, sino que en Japón la innovación proviene de esa conciencia que intenta mantener las cosas tal como son. El poder de transformación no es algo novedoso; la naturaleza se transforma a sí misma constantemente. La conservación de las cosas bellas requiere de una gran energía y constancia; por eso debemos observar atentamente la naturaleza en transformación e intentar captar su sosiego para poder reivindicar así sus elementos inmutables y universales. En este sentido, los templos zen resultan instructivos como ejemplo del compromiso necesario para preservar la belleza mediante el esfuerzo diario. Sus jardines de guijarros blancos pueden entenderse como símbolos de este principio de conservación.

El extrañamiento

Cuando medito sobre algún objeto, este se vuelve refrescantemente novedoso, como si lo estuviese contemplando por primera vez. Incluso durante el repetitivo proceso de la escritura descubro detalles diferentes en los ideogramas que en tantas ocasiones he utilizado. En esos momentos, siento algo de esa frescura que los extranjeros experimentan cuando contemplan los caracteres japoneses por vez primera.

Estamos tan acostumbrados a ver flores en nuestra vida cotidiana que fracasamos al intentar comprender su naturaleza esencial. Sin embargo, si somos capaces de percibir una flor —aunque sea su imagen— como una entidad viviente, estaremos más cerca de comprender su verdadera esencia. A menudo, entre los fotógrafos de flores se da una rivalidad completamente ajena a la belleza de estas. Obsesionados con la idea de congelar mediante su arte una imagen singular, esperan ardientemente ese momento de inspiración en el que las flores se abren. Por ejemplo, las fotografías de Yasuhiro Ishimoto (1921-2012) y de Robert Mapplethorpe (1946-1989) nos muestran cómo unas flores comunes y corrientes pueden transformarse en algo ajeno y desconocido.

Estas imágenes, fruto del extrañamiento, son particularmente características de la obra de Mapplethorpe. Regresar a la fuente de nuestro conocimiento adquirido nos permite percibir las cosas bajo una nueva luz. Me pregunto si el significado original de "comprender" hace referencia a esta situación; si fuera así, el intento de crear objetos que no nos resulten "familiares" sería la esencia de la creatividad que nos conduce a "comprender" las cosas en este mundo.

El extrañamiento está íntimamente relacionado con el blanco. Este se mueve en dirección opuesta al caos; es la imagen singular que emerge del desorden. El blanco reside en nuestra conciencia como información nueva que ha escapado de nuestro universo de conocimientos consolidados. No puede ser corrompido ni mancillado; da forma al estado de *itoshiroshiki* y fija la información. El estado de *itoshiroshiki* crea una conciencia de *itoshiroshiki*. ¿Acaso "comprender" se refiere, en realidad, a nuestra "conciencia de *itoshiroshiki*"? Cuando el "conocimiento" y otras formas habituales de pensar sobre las cosas se hunden en el fondo de nuestra conciencia, eso que llamamos "comprensión" emerge hasta quedar flotando en la superficie como el papel de un blanco puro.

La arena blanca y la luz de la luna

El Pabellón de plata es famoso en el mundo entero por su simplicidad y su refinamiento, y atrae a una incesante multitud de visitantes durante todo el año. Su belleza puede apreciarse en elementos como la espléndida estructura del templo, el prodigioso diseño del jardín, el elegante estudio, el *kogetsudai* —plataforma para contemplar la luna—, el mar de arena plateada o *Ginsadan*... La lista es interminable. Sin embargo, lo realmente importante de este templo es que representa la esencia de una estética japonesa que transciende las épocas y los períodos históricos. Desgastado por el paso del tiempo —a pesar de que se limpia cada día—, el Pabellón de plata revela su belleza natural a medida que envejece, como si se fuese deshaciendo de un velo tras otro. Conmovida por esta sencilla aunque refinada obra de arte, la gente ha intentado preservar su cultivada belleza natural mediante la limpieza y la pulcritud.

La belleza del templo se asemeja a la de la luna, que silenciosamente baña el mundo con el reflejo de la luz del sol. El

Pabellón de plata de dos plantas constituye el centro del templo; su primera planta se llama *shinkuden* (salón del corazón vacío), mientras que en la segunda se encuentra el *cho-onkaku* (salón de las olas rugientes), que contiene un altar dedicado al *bodhisattva* Guanyin. Se dice que al personal a cargo del mantenimiento del templo solo se le permite entrar en el *cho-onkaku* una vez, antes de jubilarse.

Mirando hacia abajo desde el *cho-onkaku*, se ve un jardín que se ha preservado de la erosión natural gracias a un proceso continuo de limpieza y perfeccionamiento. La arena rastrillada, el llamado "mar de arena plateada", brilla bajo la luz de la luna en una imagen que, ciertamente, recuerda el océano. La arena es de una blancura tal que quita el aliento.

Epílogo

Esta mañana, al abrir los ojos, el jardín estaba cubierto de nieve; me pareció intuir cómo caía durante la noche. Alguna parte de mi cuerpo había tomado nota, sigilosamente, de que algo se iba amontonando silenciosamente en el exterior; abrí mi ventana a un mundo nuevo y resplandeciente. ¡Qué espectaculares vistas nos ofrece sin cesar este planeta! Cuando el agua que se precipita se congela, se convierte en nieve, y los copos de hielo cristalizado adquieren una extraordinaria blancura que cubre el paisaje por completo.

En estos últimos años, muchas cosas —la arquitectura y las ciudades, los pueblos y las palabras— parecen haberse vuelto semitransparentes; o tal vez debería decir que parecen estar ahí solo a medias. La arquitectura parece más liviana gracias al uso del vidrio y de los nuevos materiales constructivos; las palabras que atraviesan la red flotan en un limbo sin encontrar su hogar. ¿Se renovarán alguna vez sin que nos demos cuenta o mantendrán durante años su aspecto juvenil sin adquirir la pátina del tiempo? Día tras día, nos esforzamos por desplegar la frescura y la promesa que percibimos en esta nueva realidad; después de todo, lo más probable es que este mundo semitransparente siga creciendo. Quizá buena parte de nuestra mente consciente termine por residir en él.

Y, a pesar de todo, la nieve sigue cayendo. Los copos bailan en silencio hasta depositarse en mi mano, donde se funden en gotas de luz. El blanco aún conserva el poder de conferir su gracia divina a nuestros cuerpos, que no pueden desaparecer, ni renovarse, ni volverse semitransparentes. Parece que la nieve seguirá cayendo durante un rato.

3 de febrero de 2008

Agradecimientos

Este libro se debe, en gran parte, al apoyo y estímulo constantes de mi editora, Kayoko Matsumoto, de la editorial Chuokoron-Shinsha, Inc. Agradezco también la ayuda prestada por la escritora Mari Hashimoto, quien me entretuvo con sus anécdotas sobre el blanco siempre que se dio la oportunidad. Sen So-oku, maestro del té, me introdujo en el mundo de la cerámica *raku* producida por Tanaka Chōjirō, cuyo arte me sirvió de guía para meditar sobre el blanco. La fotografía de la pieza que aparece en el libro, y que evoca la imagen del blanco que emerge de las sombras, fue tomada por Yoshihiko Ueda. Ueda es también el autor de la fotografía del jardín de piedras del *dojinsai* del Pabellón de plata. La imagen de la pieza negra de cerámica *raku* se utiliza por cortesía del Museo del Raku. La imagen de la flor blanca *Taisanboku* (Magnolia del sur) está extraída de la colección fotográfica *Hana* (Flor) de Yasuhiro Ishimoto; me gustaría expresar mi profunda gratitud al señor Ishimoto, que con gran satisfacción me cedió la fotografía cuando se la pedí. Finalmente, quisiera expresar mi agradecimiento más sincero a todos aquellos que me han ayudado a completar este libro.

A Shutaro Mukai, profesor emérito de la Facultad de Bellas Artes de Musashino, que a lo largo de los años ha compartido conmigo sus imaginativas ideas sobre la renovación global. En particular, su libro *Fusuma* (*Puertas correderas*) me inspiró a la hora de desarrollar la sección dedicada a la blancura y la resiliencia del papel.

El texto "El descubrimiento del blanco" se solapa de alguna manera con mi anterior libro *Designing Desing* (2003), pues deseaba introducir mi punto de vista sobre el blanco utilizando las nuevas ilustraciones que aparecen en esta edición. Parece ser que, al fin, el "blanco" se ha convertido en un eslabón fundamental dentro de mi marco conceptual, y en uno de los elementos fundacionales de mi diseño.

Yasuhiro Ishimoto, *Taisanboku* (Magnolia del Sur),
de la colección fotográfica *Hana* (Flor)

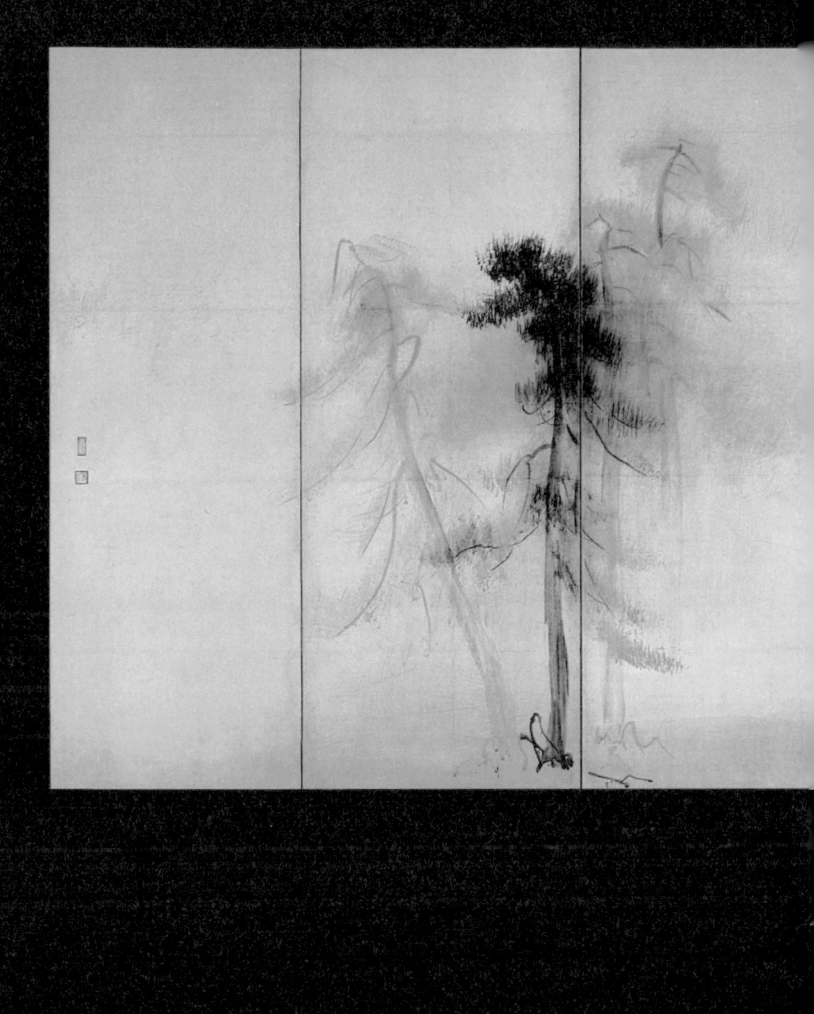

Tanaka Chōjirō, *Koto*, bol para el té de cerámica *raku* negra, Museo del Raku.
Fotografía: Yoshihiko Ueda

Interior
Tahaku Hasegawa, *Pinos*, pareja de biombos de seis paneles, Tesoro Nacional, Museo Nacional de Tokio
Imagen: archivos del Museo Nacional de Tokio

Jardín de piedras del *togudo* de Jisho-ji (Ginkaku-ji/Pabellón de plata)
Fotografía: Yoshihiko Ueda

Kenya Hara

(1958) es diseñador gráfico, profesor de la Facultad de Bellas Artes de la Universidad de Musashino y, desde 2002, director artístico de Muji. Su trabajo se centra en el diseño de "circunstancias" o "condiciones" más que de "cosas".

Hara ha viajado por todo el mundo en un intento por investigar el significado del diseño. Su esfuerzo cristalizó en varias exposiciones internacionales, como *Re-Design*, *Haptic* y *Senseware*, títulos que representan conceptos clave del valor siempre cambiante de la existencia. Hara incorporó elementos de la cultura tradicional japonesa en el diseño de las ceremonias de inauguración y clausura de los Juegos Olímpicos de Invierno de Nagano, así como en la promoción de Expo de Aichi. Ha diseñado productos comerciales para multitud de empresas, como AGF, JT y Kenzo, participó en el proyecto de renovación de la sucursal de los grandes almacenes Matsuya en Ginza, y ha trabajado en la señalética del edificio Mori VI y del hospital de Umeda.

Hara ha recibido numerosos premios de diseño, como el Premio Cultural al Diseño de Japón. Su libro *Design of Design* (2003) recibió el Premio Suntori de las Artes y las Ciencias. En su siguiente libro, *Ex-formation* (2015), Hara busca los orígenes del diseño en lo desconocido y en *Neo-Prehistory* (2016), Hara viaja junto a Andrea Branzi a través de 5.000 años de historia de la humanidad, ilustrando 100 verbos con 100 objetos diferentes.